KB237408

월드컵의 강국들

차례
Contents

'삼바군단' 브라질

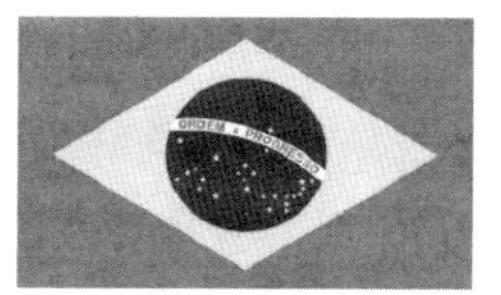

그라운드의 종합예술을 추구하다

세계적인 축구강국들을 한 손가락에 꼽아보라는 질문에 '삼바군단' 브라질을 포함시키지 않는 축구팬들은 거의 없을 듯하다. 노란색 유니폼을 입고 삼바춤을 추듯이 화려한 묘기를 부리며 상대편 골문으로 볼을 몰고 돌진하는 브라질 선수들. 절묘한 개인기와 콤비네이션에 의해서 터지는 통쾌한 골 골골~~~. 경기장 전체에 울려 퍼지는 삼바리듬과 화끈한 몸매를 사랑하며 정열적인 삼바춤을 추는 미녀들. 경기 내외적으로 브라질 축구는 그야말로 '환상' 그 자체다. '브라질 선수들과 팬들은 그라운드에서 종합예술을 추구한다'는 이야기가 결코 과장되지 않은 말로 들린다.

'즐겁지 않으면 스포츠가 아니다'라는 명언이 있다. 승패의 여부를 떠나서 스포츠를 즐길 줄 아는 사람과 팀이 진정한 승자라는 이야기다. 전 세계적으로 가장 인기 있는 스포츠인 축구에서 이런 명제를 가장 잘 따르는 나라가 바로 브라질이다. 브라질 선수들은 상대의 스타일이나 경기의 중요성에 크게 얽매이지 않고 게임 그 자체를 즐긴다. 어릴 때부터 휴지조각 등을 발로 차서 휴지통에 집어넣을 만큼 브라질 선수들은 발이 매우 자유롭다. 이런 가벼운 발을 가진 선수들이 삼바 리듬에 맞춰 춤을 추듯이 게임을 자유롭게 즐기기에 브라질의 경기는 항상 재미있고 박진감이 넘친다. 브라질 선수들은 경기 도중 좀처럼 화를 내지 않는다. 축구에 관해서는 여유가 넘치고, 항상 자신감이 충만해 있기 때문에 그들은 언제나 환한 미소를 얼굴에 머금고 있다. '자유로운 삼바군단' 브라질. 축구를 논할 때 빼놓을 수 없는 역사상 최고의 축구 우등생임에 틀림없다.

개근생이 공부도 잘 한다

당연한 이야기지만 성실한 사람이 좋은 기회를 많이 잡을 수 있고, 결국 성공할 수 있는 확률 또한 높다. 반면에 과거 명성에 안주하는 사람은 도태되기 마련이다. 이런 측면에서 볼 때 브라질은 언제나 성실함을 잃지 않고 열심히 뛰어 온

‘축구 1등국’이라고 할 수 있다. 화려했던 과거 시절을 자랑했던 동구권의 몇 팀들은 자만심과 게으름으로 인해 현재 축구 2등국으로 전락하고 말았다. 그와는 대조적으로 브라질은 언제나 축구에 모든 것을 쏟아 부으며 정상의 자리를 굳건히 지키고 있다. 한마디로 브라질은 축구가 사람들에게 널리 알려진 1900년대 초기부터 가장 인기 있는 스포츠로 확실하게 자리매김한 현재까지 항상 ‘축구 모범생’으로 인정받고 있는 유일한 나라인 것이다.

브라질 축구의 전통과 업적은 지구촌 최대의 스포츠 축제인 월드컵을 살펴보면 보다 잘 알 수 있다. 브라질은 1930년 우루과이에서 펼쳐진 제1회 대회부터 지난 2002한일월드컵(17회)까지 단 한 번도 빠짐없이 월드컵에 모두 참가함으로써 200개국이 넘는 국제축구연맹(FIFA) 회원국 가운데 유일하게 월드컵 본선 개근의 기록을 이어가고 있다. 횟수로 따지면 18회 연속 본선진출(2006독일월드컵 포함), 햇수로 따지면 무려 76년 연속으로 월드컵 본선 무대를 밟고 있다. 남긴 성적 또한 다른 팀과의 비교 자체를 불허한다. 브라질은 5번의 우승과 2번의 준우승, 그리고 17번의 월드컵 가운데 단 2번을 제외하고는 모두 2라운드 진출 이상의 성적을 기록했다(표 1 참조). 그야말로 브라질은 월드컵을 통해서 화려하면서도 꾸준한 모습을 계속해서 선보여 왔던 것이다.

재미있는 사실은 인공위성을 통해 세계 각국에 월드컵이 처음으로 TV로 생중계되기 시작한 1970멕시코월드컵부터 브라질

대　회	성　적
1930우루과이월드컵	6위
1934이탈리아월드컵	14위
1938프랑스월드컵	3위
1950브라질월드컵	준우승
1954스위스월드컵	5위
1958스웨덴월드컵	우승
1962칠레월드컵	우승
1966잉글랜드월드컵	11위
1970멕시코월드컵	우승
1974서독월드컵	4위
1978아르헨티나월드컵	3위
1982스페인월드컵	5위
1986멕시코월드컵	5위
1990이탈리아월드컵	9위
1994미국월드컵	우승
1998프랑스월드컵	준우승
2002한일월드컵	우승

표 1. 브라질의 역대 월드컵 성적

의 성적이 더 좋아졌다는 것이다. 브라질은 1970멕시코월드컵
에서 통산 3번째 우승을 차지하며 줄리메컵The Jules Rimet Cup의 영
원한 소유자가 됐고, 그 이후에도 월드컵에서 수위권에 계속
이름을 올리고 있다. 1990이탈리아월드컵 16강전에서 아르헨
티나에게 덜미를 잡혀 9위를 차지했던 것을 제외하면, 브라질
은 1970멕시코월드컵 이후 모든 대회에서 8강 이상의 성적을

올리고 있고, 그 가운데 우승 3차례, 준우승 1차례, 4강 2차례의 호성적을 남겼다. 개인적으로는 '자유로움을 즐기는 브라질 선수들이 TV 생중계가 시작된 1970멕시코월드컵 이후로 더욱 흥에 겨워 자신들의 화려한 기술을 맘껏 뽐낼 수 있었던 것은 아닐까'라는 흥미로운 생각이 들기도 한다.

펠레 그리고 줄리메컵

1930년 우루과이에서 제1회 월드컵이 시작되고 축구강국들은 모두 '줄리메컵 영구보존'이라는 목표를 세웠다. 월드컵에서 가장 먼저 3번의 우승을 기록하면 '월드 챔피언'을 뜻하는 줄리메컵을 자국에 영구적으로 보존할 수 있는 권한을 가질 수 있었기 때문이다. 하지만 줄리메컵은 월드컵이 시작되고 40년이 지나서야 비로소 자신을 따뜻하게 품어줄 영원한 주인을 만날 수 있었다. 줄리메컵은 그 기간 중에 제2차세계대전을 경험했고, 구두상자 속에 보관되기도 했으며, 전시회장에서 갑자기 사라졌다가 개를 통해 발견되는 등 산전수전을 다 겪었다. 그리고 결국 1970년 '삼바군단' 브라질의 품에 영원히 안기게 됐다.

현재의 브라질 축구의 위상을 생각하면 이해가 잘 가지 않을 수도 있겠지만, 초반 5번의 월드컵이 진행될 때까지 브라질이 줄리메컵의 영원한 주인이 되리라고 생각하는 사람들은 거의 없었다. 제5회 대회였던 1954스위스월드컵까지 브라질은 단 한 번도 우승의 기쁨을 맛보지 못했기 때문이다. 심지어 브라질은 자국에서 펼쳐졌던 1950년 제4회 대회에서도 우루과이에게 우승을 넘겨주며 강한 인상을 심어주지 못했다. 쉽게 말해 월드컵 초기에는 삼바군단이 지금과 같은 막강파워를 발휘하지 못했던 것이다. 그때까지만 해도 이미 2번의 우승을 차지했던 이탈리아와 우루과이 중의 한 팀이 줄리메컵의 영원한 주인이 될 가능성이 매우 높아 보였다.

하지만 브라질은 펠레Pele라는 축구영웅과 함께 줄리메컵을 조금씩 자신들의 품으로 끌어당기기 시작했다. 1958스웨덴월드컵에서 브라질은 펠레라는 앳된 소년의 눈부신 활약상에 힘입어 첫 우승을 기록하게 된다. 만 17세의 소년 펠레는 다른 선수들과는 차원이 다른 기량을 선보이며 조국 브라질을 최강팀으로 만들었다. 환상적인 드리블, 완벽한 보디 밸런스, 탁월한 골 결정력, 날카로운 패싱 능력, 그리고 경기를 장악하는 플레이메이킹 능력까지 펠레는 모든 부분에서 최고를 자랑했다. 그는 상대 수비수를 잇따라 허수아비로 만들며 브라질의 승리를 책임졌고, 결국 펠레를 앞세운 브라질은 결승전에서 홈팀 스웨덴을 5-2로 꺾고 월드컵에서 첫 우승을 차지하게 된다.

이후 브라질은 펠레를 중심으로 '무적의 팀'으로 거듭났고, 더 나아가 펠레가 없어도 최강의 팀으로 군림하기 시작했다. 1962칠레월드컵에서 펠레가 부상을 당했으나 당당히 2연패를 이뤄냈고, 1970멕시코월드컵에서는 자이르징요Jairzinho, 토스탕Tostao, 히벨리누Rivelino, 카를로스 알베르투Carlos Alberto 등이 펠레와 환상호흡을 맞추며 대망의 월드컵 3회 우승을 일궈냈다. 특히 줄리메컵을 두고 치열한 자존심 싸움을 펼치던 이탈리아와 만난 1970멕시코월드컵 결승전(브라질 4-1승)에서의 진검승부는 아직도 축구역사에 길이 남는 명승부전으로 평가받고 있다.

흥미로운 것은 현재 1970멕시코월드컵 당시 브라질이 품에 안았던 진짜 줄리메컵은 어디에 있는지 그 누구도 모른다는 사실이다. 브라질은 1970멕시코월드컵에서 최초의 3회 우승과 더불어 줄리메컵의 영구 소유권을 얻었지만, 현재 보유하고 있는 것은 그때의 줄리메컵이 아니다. 브라질은 1983년 줄리메컵을 잃어버리면서 큰 망신을 당했고, 끝내 찾아내지 못해 축구팬들에게 큰 아쉬움을 남겼다. 결국 줄리메컵은 도둑들에 의해 완전히 소멸된 것으로 알려졌고, 현재 브라질은 복제품을 보유하고 있다.

제2의 전성기

1970멕시코월드컵에서 우승을 차지하며 최고의 축구강국으로 올라선 브라질. 그러나 줄리메컵의 질투 때문이었을까. 주위의 예상과 달리 브라질은 새로운 월드컵 트로피인 '피파 컵The FIFA World Cup'을 오랫동안 거머쥐지 못했나. 배 월드컵마다 막강전력을 자랑하며 우승후보 1순위로 꼽혔으나 이상하게도 우승과는 인연이 없었던 브라질은 1974서독월드컵부터

1986멕시코월드컵까지 줄곧 5위 이내의 성적을 거뒀지만 우승의 영광을 재현하지는 못했다. 그와 더불어 '브라질의 삼바축구에는 보이지 않는 한계가 있다'는 혹평이 나돌기도 했다.

'축구 불모지'라고 불렸던 미국에서 펼쳐진 1994미국월드컵에서 브라질은 무려 24년 만에 월드컵 우승의 기쁨을 다시 맛보며 최고의 축구 우등생 자리를 탈환한다. 우승의 주역이 된 것은 호마리우Romario-베베투Bebeto 콤비. 두 선수는 조별예선부터 결승전까지 환상적인 호흡을 선보이며 브라질의 사상 4번째 우승을 이끌었다. 흥미로운 점은 브라질이 이 대회의 결승전에서 또다시 이탈리아를 만났다는 사실이다. 브라질은 24년 전에 당했던 패배를 복수하려는 이탈리아를 맞아 결승전 초유의 승부차기 승리(3-2)를 거두고 감격의 우승을 차지했다.

1994미국월드컵을 기점으로 브라질은 제2의 전성기를 누리고 있다. 기세로 따졌을 때 최근의 상승세는 3번의 우승을 차지했던 1900년도 중반(1958스웨덴월드컵~1970멕시코월드컵)의 전성기와 비교해도 전혀 뒤질 것이 없다. 브라질은 1998프랑스월드컵에서 홈팀 프랑스에게 뼈아픈 패배를 당하며 아쉽게 우승을 놓쳤으나, 2002한일월드컵에서 전승(7승) 우승을 차지하며 통산 5번째로 월드컵 정상에 오르게 됐다. 한일월드컵 남미지역예선에서 매우 고전하며 본선전망이 그리 밝지 않았던 브라질은 호나우두Ronaldo-히바우두Rivaldo-호나우디뉴Ronaldinho로 이어지는 '막강 3R'의 맹활약을 앞세워 통산 5번째 우승을 일궈냈다. 현재까지 3회 연속 월드컵 결승(1994미

국월드컵 우승, 1998프랑스월드컵 준우승, 2002한일월드컵 우승)
진출을 달성한 브라질 축구가 또 다시 황금기를 맞으면서 제2
의 전성기를 구가하고 있는 것이다.

펠레, 자일지뉴, 히벨리누, 지코Zico, 소크라테스Socrates, 카레
카Careca, 마르코스 카푸Marcos Cafu, 히바우두, 호베르투 카를로
스Roberto Carlos, 호나우두, 호나우디뉴, 히카르두 카카Ricardo
Kaka, 아드리아누Adriano, 호비뉴Robinho……. 그동안 세계축구계
에 이름을 날렸던 브라질 선수들은 셀 수 없이 많다. 예나 지
금이나 브라질에는 축구스타들이 끊임없이 배출되고 있다는
이야기다. 월드컵을 앞두고 브라질 감독은 출중한 기량을 가
진 선수들이 너무 많아 스타팅 멤버를 짜는 데 골치가 아플 정
도다. 쉬지 않고 쏟아져 나오는 최고의 기량을 갖춘 삼바군단
의 스타들이 항상 브라질 축구의 미래를 환하게 비추고 있다.

'전차군단' 독일

닦고 조이고 기름 치고

    흔히들 독일축구를 이야기할 때 '전차군단'이라는 닉네임을 앞에 붙인다. 가공할 만한 힘과 스피드, 그리고 톱니바퀴가 물려져 돌아가는 듯한 탄탄한 조직력을 바탕으로 하는 독일축구의 특색이 잘 표현된 별칭이다.

    '전차군단'이라는 멋진 닉네임을 가지고 있지만, 사실 독일축구는 그 명성에 비해 그리 화려하지는 않다. 선수들의 멋진 개인기나 팬들의 탄성을 자아내는 화려한 플레이는 거의 찾아볼 수 없다. 때문에 혹자들은 '독일축구는 팬들에게 큰 즐거움을 주지 못한다'는 비판을 하기도 한다. 그러나 이러한 비판

속에서도 독일축구의 저력을 무시하는 사람은 거의 없다. 그 이유는 바로 상대를 제압할 수 있는 강력한 카리스마가 있기 때문이다. 선수들의 역할분담이 정확히 이루어지고, 팀 자체에 박력이 있으며, 승부에서는 좀처럼 지지 않는 '이기는 축구'를 구사하는 것이 독일이다. 그동안 독일축구는 항상 전쟁을 준비하는 전차처럼, 언제나 잘 닦고 조이고 기름 치며 세계 축구계의 1등국으로 자리매김해 왔던 것이다.

독일축구가 강한 배경에는 그들의 국민성을 대변하는 '실리주의'가 깔려 있다. 독일인들은 언제나 이성적이고 합리적이며 협상에 매우 능하다. 웬만해선 화내는 법이 없고, 모든 일을 매우 효율적으로 처리한다. 이런 독일인의 특성은 독일 축구에도 고스란히 반영되어 왔다. 독일이 국가 간의 협약이나 동맹 등에서 이득을 많이 얻어왔듯이, 독일축구 역시 국제 무대에서 실리를 많이 얻었다. 특히 월드컵이나 유럽선수권대회 등의 큰 무대에서 독일은 설사 최상의 전력이 아닐지라도 전력 외의 부분에서 플러스 요인을 만들어내며 많은 우승을 차지해왔다. 한마디로 말해서 독일축구는 '본고사'에 매우 강한 스타일이라고 할 수 있다.

1990년도 말부터 독일의 전력이 다소 약해지면서 '녹슨 전차'라는 비난 섞인 평가들이 적지 않았다. 하지만 독일은 2002 한일월드컵에서 준우승을 차시하며 축구팬들에게 다시 한 번 그들의 저력을 뽐냈다. 21세기를 맞이한 지금, '전차군단'의 진격은 여전히 현재진행형이다.

엔데 굿, 알레스 굿!

　　독일에 '엔데 굿, 알레스 굿Ende gut, Alles gut'이라는 유명한 속담이 있다. 해석하면 '끝이 좋으면 모든 것이 좋다'라는 의미로, 이는 결과를 중요시하는 독일인들의 특성을 알 수 있게 하는 속담임과 동시에 앞서 언급한 실리주의적인 특징을 잘 대변하는 속담이라고도 할 수 있겠다. 이 속담은 스포츠경기 중계나 신문 지상에서도 흔히 볼 수 있다. 2002년 필자가 독일 베를린공대(Technische Universitaet Berlin)에 교환학생으로 가 있을 때에도 심심찮게 이 속담을 보고 들을 수 있었다.

　　독일이 월드컵에 참가한 횟수는 2002한일월드컵까지 무려 15번이다. 불참을 선언했던 1930우루과이월드컵과 제2차세계대전을 도발한 죄로 자격을 박탈당했던 1950브라질월드컵을 제외하고 독일은 모든 월드컵에 주인공으로 등장했다. 강호들이 득실거리는 유럽무대에서 언제나 최강 전력을 구축하며 월드컵 본선에 계속 올랐다는 자체도 대단하지만, 독일의 월드컵 성적표를 들여다보면 더욱 놀랍다. 독일은 15번의 대회에서 모두 10위 이내에 들며 축구강국다운 면모를 확실하게 과시했다. 특히 1954스위스월드컵 이후 13회 연속 8강 진출이라는 대기록을 이어가고 있다. 전력이 강할 때도 있었고 약할 때도 있었지만, 독일은 한결같이 월드컵을 잘 준비하며 수준급 이상의 성적을 올렸던 것이다(표 2 참조).

　　독일의 월드컵 우승배경을 살펴보면 '엔데 굿, 알레스 굿'

이라는 속담을 더 확실하게 실감할 수 있다. 특히 1954스위스 월드컵과 1974서독월드컵에서 이룩했던 우승은 그야말로 '엔데 굿, 알레스 굿'이었다. 먼저 독일(당시의 서독. 독일은 1990 이탈리아월드컵까지 '서독'이라는 이름으로 대회에 참가했고, 통일 이후 1994미국월드컵부터는 '독일'로 월드컵에 참가하고 있다) 은 1954스위스월드컵에서는 당시까지 무적의 팀으로 군림하던 헝가리를 격파해 세계축구팬들을 깜짝 놀라게 했다. 2조 예선전에서 헝가리와 만난 독일은 3-8로 대패하면서 고개를 숙였다. 이때까지만 해도 독일의 우승확률은 제로에 가까워보였다. 그러나 독일은 철저하게 '이기는 축구'를 구사하며 결승전까지 올랐고, 결승전에서 헝가리에 3-2로 역전승하며 첫 월드컵 우승을 이뤄냈다. 헝가리의 막강화력에 먼저 2골을 내줬지만, 특유의 뒷심을 발휘하여 3골을 내리 터뜨리며 우승 샴페인을 터뜨린 것이다. 자국에서 열린 1974서독월드컵에서도 독일은 '엔데 굿, 알레스 굿'을 실천했다. 독일은 1조 예선 1 차전에서 한 핏줄인 동독에게 0-1로 덜미를 잡히며 불안한 출발을 보였으나, 이후 승승장구하며 당당히 결승전에 진출했다. 결승전 상대는 무적을 자랑하던 '오렌지군단' 네덜란드였으니 독일의 승리를 점치는 사람은 그리 많지 않았다. 그러나 독일은 이런 예상을 비웃기라도 하듯 당대 최강 네덜란드를 2-1로 격침시키고 두 번째 월드컵 우승을 차지했다. 한마디로 독일은 꼭 이겨야 할 경기에서 이길 줄 아는 '준비된 축구강국'이었던 것이다.

대 회	성 적
1930우루과이월드컵	불참
1934이탈리아월드컵	3위
1938프랑스월드컵	10위
1950브라질월드컵	자격 박탈
1954스위스월드컵	우승
1958스웨덴월드컵	4위
1962칠레월드컵	7위
1966잉글랜드월드컵	준우승
1970멕시코월드컵	3위
1974서독월드컵	우승
1978아르헨티나월드컵	6위
1982스페인월드컵	준우승
1986멕시코월드컵	준우승
1990이탈리아월드컵	우승
1994미국월드컵	5위
1998프랑스월드컵	7위
2002한일월드컵	준우승

표 2. 독일의 역대 월드컵 성적

압박축구를 완성하다

1980년대에도 독일은 월드컵 무대에서 놀라운 성적을 남기게 된다. 흥미로운 점은 독일이 1954스위스월드컵과 1974서독월드컵 때와 마찬가지로 매우 어려운 상황들을 극복하고 좋은 성적을 일궈냈다는 것이다. 다른 팀들에 비해 전력이 압도적으로 강하지는 않았지만, 독일만이 가지고 있는 특유의 '실리축구'는 계속해서 빛났다.

월드컵 참가국이 16개국에서 24개국으로 늘어난 1982스페인월드컵. 당시 전문가들은 독일이 게르트 뮐러Gerd Mueller나 프란츠 베켄바우어Franz Bechenbauer 같은 걸출한 스타가 없어 고전할 것이라고 예상했다. 그리고 대회 초반에는 이러한 예상이 어느 정도 맞아떨어졌다. 독일은 2조 예선 첫 경기에서 아프리카의 알제리에게 덜미를 잡히는 등 강호다운 모습을 보이지 못했다. 그리고 골 득실차에서 앞서 가까스로 2라운드에 진출했다.

하지만 이때부터 독일의 저력이 발휘되기 시작했다. 잉글랜드, 스페인 등의 강팀들과 만난 2라운드에서 독일은 1승 1무의 성적으로 준결승에 진출했고, 준결승전에서 미셸 플라티니 Michel Platini가 버티고 있던 프랑스를 승부차기 끝에 꺾고 결승에 올랐다. 비록 독일이 결승에서 이탈리아에게 1-3으로 패하며 우승을 놓쳤지만, 대회가 끝난 후 독일축구를 무시하는 사람은 아무도 없었다.

이러한 독일축구의 힘은 4년 뒤 열린 1986멕시코월드컵에서도 고스란히 드러났다. 독일은 위태위태한 상황을 모두 극복하고 다시 준우승의 쾌거를 이뤄냈다. E조에 속한 독일은 조별예선 1차전에서 우루과이와 1-1로 비기며 불안한 출발을 보였다. 2차전에서 스코틀랜드에게 2-1로 신승辛勝한 독일은 3차전에서 북중미의 강호 덴마크에게 0-2로 완패하는 망신을 당했다. 독일은 자존심에 큰 상처를 입고 조2위로 16강행에 진출했다. 하지만 16강 토너먼트에 들어서자 독일은 또다시 특유의 '실리축구'를 펼쳐 보이기 시작했다. 16강전에서 아프리카의 복병 모로코에게 진땀승(1-0승)을 거뒀고, 8강전에서는 홈팀 멕시코를 승부차기 접전(4-1승) 끝에 누르고 준결승전에 올랐다. 그리고 4년 전 준결승전에서 만난 프랑스와 다시 준결승전에서 격돌해 2-0의 완승을 거두고 결승진출 티켓을 손에 넣었다. 4년 만에 다시 도전하게 된 월드컵 우승. 그러나 독일은 우승의 문턱에서 '축구신동' 디에고 마라도나Diego Maradona가 이끄는 아르헨티나에 2-3으로 패하고 만다. 아쉬운 월드컵 2회 연속 준우승. 하지만 독일은 우승팀 아르헨티나 못지않은 스포트라이트를 받으며 그 저력을 확실히 인정받았다.

의미 있는 준우승을 2차례 기록한 독일은 드디어 1990이탈리아월드컵에서 대망의 우승을 차지하며 통일의 축제분위기를 더욱 고조시켰다. 특히 4년 전 뼈아픈 패배를 안겼던 아르헨티나와 결승에서 다시 만나 화끈한 리벤지-매치revenge match, 즉 복수전을 펼쳐 우승의 의미를 더욱 남다르게 했다. 독일은 이 대회에서 이른바 '압박축구'를 구사하며 정상에 올라섰다. 5명이나 배치된 미드필더들이 마치 기계처럼 움직이면서 상대 선수들을 몰아붙이고 경기를 압도하는 새로운 전술을 선보인 것이다. 이때 독일이 완성한 압박축구로 인해서 현대축구는 포메이션formation 싸움으로 전개되기 시작했고, 현재에도 치열한 포메이션 전쟁이 펼쳐지고 있다.

어쨌든 1990이탈리아월드컵에서 우승을 차지하면서 독일은 월드컵 역사상 처음으로 '3회 연속 결승진출'이라는 금자탑을 쌓았고, 통산 3회 우승을 달성하면서 당시 브라질, 이탈리아와 함께 월드컵 역대 최다우승국으로 자리매김하였다.

재도약을 위하여

압박축구를 완성시키면서 전성기를 구가한 독일. 하지만 보이지 않게 조금씩 자만심이 생겨나면서 '전차군단'에 녹이 슨 것일까. 독일은 1990년대 2차례 월드컵에서 쓴맛을 보고 만다. 선수들의 노쇠화와 구형화된 전술의 고수로 결국 뼈아픈 패배를 경험하게 된 것이다. 1994미국월드컵에서도 독일은 이전 월드컵까지 단 1승도 거두지 못했던 불가리아에게 덜미를 잡히며 준결승 진출에 실패했고, 4년 뒤 1998프랑스월드컵에서도 8강전에서 처녀출전한 크로아티아에게 0-3의 치욕적인 완패를 당하면서 고개를 숙였다. 이후에도 독일은 유럽선수권대회와 친선경기 등에서 어이없는 패배를 수차례 경험하면서 '예전의 전차군단이 아니다'라는 주위의 비아냥을 들어야만 했다.

2002한일월드컵. 전력이 매우 약해진 독일은 친선만고 끝에 본선에 올랐다. 잉글랜드와의 지역예선 홈경기에서는 1-5로 대패를 당하며 플레이오프로 밀렸고, 한 수 아래로 여겼던 우크라이나에게도 고전 끝에 승리를 거두며 첫 아시아월드컵에 얼굴을 내밀었다. 전력이 약해졌으니 혹평이 나오는 것은 당연했고, 많은 전문가들은 독일이 한일월드컵에서 망신을 당할 확률이 높다고 전망했다. 하지만 대회가 열리자 독일은 특유의 저력을 발휘하며 승승장구하였고, 절묘한 대진운과 함께 12년 만에 결승전에 진출했다. 비록 아쉽게 브라질에게 0-2로 패하며 우승의 기회를 다음으로 미뤘지만, 독일축구는 또 한 번 '본고사'에 강한 면모를 확실하게 드러냈다.

독일축구를 연구하면서 떠오른 구절이 하나 있으니, 바로 '준비하는 자가 항상 승리한다'가 그것이다. 전력이 강할 때나 약할 때나 항상 좋은 성적을 유지해 온 독일. 앞으로도 특유의 승리의 카리스마가 살아있는 한 '전차군단' 독일은 축구선진국으로 계속 자리매김할 것 같다.

'아주리군단' 이탈리아

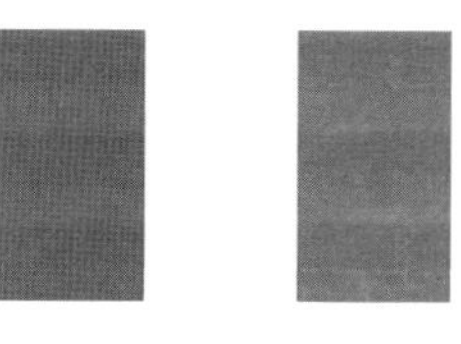

'빗장수비' 카테나치오

1986멕시코월드컵. 32년 만에 월드컵 본선에 오른 대한민국 축구국가대표팀은 '디펜딩챔피언' 이탈리아와 예선 최종전을 치르게 됐다. 당시 초등학교를 다녔던 필자는 해설자의 설명으로 이탈리아가 상당히 강한 팀이라는 사실을 알게 되었고, '카테나치오Catenaccio'라는 매우 생소한 단어를 접했다. 경기결과는 한국의 아쉬운 2-3패. 패배의 아쉬움과 함께 '카테나치오'라는 단어는 기억 속에서 잠시 사라졌다.

4년 뒤 펼쳐진 1990이탈리아월드컵. 중학생이 된 필자는 여러 매체를 통해서 축구를 접하면서 축구광이 되었고, 월드컵과 관련된 어떤 책을 보던 중 4년 전에 잊어버렸던 '카테나치오'라는 단어를 다시 떠올리게 되었다. 카테나치오는 '빗장' '자물쇠'라는 뜻이니, 꼭꼭 걸어 잠그는 빗장과 자물쇠처럼 상대의 공격을 철저히 차단하는 이탈리아 축구를 상징적으로 표현한 단어였다.

막 축구를 좋아하기 시작한 시절에 접한 이탈리아 축구는 환상 그 자체였다. 빠른 공격전개, 탄탄한 미드필드 라인, 그리고 무엇보다도 인상적이었던 것이 절대로 뚫리지 않는다는 카테나치오였다. 고대 로마가 철벽 방어벽을 구축하며 막강한 세력을 뽐냈던 것처럼 이탈리아 축구의 카테나치오 역시 물샐 틈이 없을 정도로 탄탄한 수비망을 자랑했다. 실제로 1990 이탈리아월드컵에서 이탈리아는 본선 517분 연속 무실점이라는 진기록을 세우면서 빗장수비의 진수를 보여줬다. 당시까지 축구지식이라고는 주워들은 게 전부였던 필자는 브라질에 견줄 만한 팀이 없는 줄 알았지만, TV를 통해 월드컵을 직접 보면서 브라질 못지않은 강팀들이 많고, 그 가운데 한 팀이 이탈리아라는 사실을 새롭게 알게 되었다.

이탈리아어로 파란색을 뜻하는 단어인 '아주리Azzurri'에서 이름을 따 '아주리군단'이라는 별칭을 가지고 있는 이탈리아는 파란색 유니폼의 시원함만큼이나 멋진 경기를 펼치는 '축구 우등생'임에 틀림이 없다. 그런데 왜 하필이면 파란색일까? 과거 사보이Savoy왕이 권력을 쥐고 있을 때 이탈리아의 왕가를 대표하는 색이 파란색이었다고 한다. 이탈리아대표팀은 이때부터 국제대회에 모습을 드러냈고, 파란색 유니폼을 입고 경기를 펼치는 경우가 많아지면서 '아주리군단'이라는 별칭을 얻었다.

최초의 2연패를 달성하다!

월드컵 초창기에 가장 좋은 성적을 거뒀던 팀은 '삼바군단' 브라질도, '전차군단' 독일도 아닌 '아주리군단' 이탈리아였다. 1930우루과이월드컵에 불참했던 이탈리아는 1934년 자국에서 펼쳐진 월드컵에서 기분 좋은 첫 우승을 차지하며 기세를 올렸다. 그리고 4년 뒤 1938프랑스월드컵에서도 우승하며 월드컵 최초의 2연패를 달성했다. 2002한일월드컵까지 2연패를 달성한 나라는 브라질과 이탈리아뿐이었다.

이탈리아가 월드컵 초창기에 선두주자로 자리매김할 수 있었던 원동력은 크게 두 가지로 요약된다. 먼저 언급할 부분이 베니토 무솔리니Benito Mussolini의 파시즘이다. 1930년대 당시 이탈리아는 독재자 무솔리니 정권하에 있었다. 잘 알려져 있다시피 무솔리니는 패배를 절대 인정하지 않는 독재자였다. 당연히 무솔리니는 이탈리아 월드컵대표 선수들에게도 '패배는 곧 죽음'임을 주지시켰고, 선수들은 죽을힘을 다해 뛰어 무솔리니에게 승리를 바쳤다. 그리고 이러한 무솔리니의 파시즘은 이탈리아의 2차례 연속 우승의 결과로 이어졌다. 이탈리아의 우승을 뒷받침했던 또 다른 부분은 역시 '빗장수비' 카테나치오였다. 이탈리아는 1934이탈리아월드컵과 1938프랑스월드컵에서 치른 9게임에서 단 8실점밖에 허용하지 않았다. 경기당 0점대 실점률을 보인 것이다. 당시의 축구가 현재와는 다르게 고득점 경기가 매우 많았던 점을 감안하면 이탈리아의 수비는 그야말로 철벽이었다고 할 수 있다.

'무조건 승리'를 외치는 파시즘에 '짠물축구의 대명사'로 자리 잡은 카테나치오가 결합된 이탈리아 축구. 출중한 기량을 갖춘 선수들이 우승이라는 뚜렷한 목표의식을 가지고 있었기에 이탈리아의 초창기 월드컵 연속제패는 어쩌면 당연한 일이었는지도 모르겠다. 만약 제2차세계대전으로 월드컵이 중단되지 않았다면 어땠을까?(월드컵은 제2차세계대전으로 1942년과 1946년 대회가 취소됐다) 어쩌면 파시즘이 살아 있었을 이탈리아가 월드컵 역사에 길이 남을 3연패 또는 4연패의 대기록을 달성했을지도 모를 일이다.

44년을 기다린 우승

월드컵 초창기에 최상의 성적표를 받아들었던 이탈리아. 하지만 파시즘의 공포에서 벗어나면서 긴장이 너무 풀린 탓이었을까. 1945년 무솔리니가 사살된 이후로 아주리군단은 이상하리만큼 힘을 못 쓰게 된다. 월드컵 2연패의 기세는 온데간데없이 사라졌고, 무기력한 모습을 보이며 내리막을 걷기 시작했다. 물 샐 틈이 없다던 카테나치오도 하염없이 무너지며 연속실점을 허용하는 모습을 자주 보였다.

제2차세계대전으로 인해 12년 만에 재개된 1950브라질월드컵. 디펜딩챔피언이었던 이탈리아는 당연히 우승후보 중 하나였다. 하지만 이탈리아는 실망스런 경기력을 보이며 2라운드 진출에 실패하고 만다. 이후 이탈리아는 걷잡을 수 없는 추락의 길을 걷게 된다. 한 수 아래로 여겼던 스웨덴, 스위스에게 무릎을 꿇은 것은 약과였다. 1966잉글랜드월드컵에서는 북한에게도 덜미를 잡히며 충격에 빠져들었다. 1958스웨덴월드컵 지역예선 탈락을 포함해 5개 대회 연속 본선 2라운드 진출에 실패했다. 남미와 다른 유럽세가 눈부신 발전을 거듭하는 동안 이탈리아는 제자리걸음을 걸었던 것이다.

계속해서 부진의 길을 걸었던 이탈리아는 1970멕시코월드컵에서 오랜만에 우승의 기회를 다시 잡았다. 홈팀 멕시코와 난적 독일을 꺾고 결승에 오르며 통산 3번째 우승의 기대를 잔뜩 부풀렸던 것이다. 하지만 '축구황제' 펠레가 버티고 있던 브라질을 넘지 못하고 준우승에 그치고 말았다. 이탈리아는 너무나 아쉽게도 단 한 발이 모자라 브라질이 줄리메컵을 영원히 가슴에 품게 되는 역사적인 장면을 구경꾼이 되어 지켜볼 수밖에 없었다.

월드컵의 규모가 더욱 확대된 1982스페인월드컵에서 이탈리아는 고대하고 고대하던 월드컵 우승의 영광을 무려 44년 만에 재현하게 된다. 파올로 로시Paolo Rossi라는 불세출의 스타를 앞세워 통산 3번째 우승을 일궈낸 것이다.

대 회	성 적
1930우루과이월드컵	불참
1934이탈리아월드컵	우승
1938프랑스월드컵	우승
1950브라질월드컵	7위
1954스위스월드컵	10위
1958스웨덴월드컵	지역예선 탈락
1962칠레월드컵	9위
1966잉글랜드월드컵	9위
1970멕시코월드컵	준우승
1974서독월드컵	10위
1978아르헨티나월드컵	4위
1982스페인월드컵	우승
1986멕시코월드컵	12위
1990이탈리아월드컵	3위
1994미국월드컵	준우승
1998프랑스월드컵	5위
2002한일월드컵	15위

표 3. 이탈리아의 역대 월드컵 성적

　　이탈리아의 우승사냥의 출발은 매우 어두웠다. 1조에 속한 이탈리아는 예선 1차전에서 카메룬과 1-1무승부를 기록하는 등 조별예선에서 승패 없이 3무승부를 기록했고, 전체득점에서 카메룬에 1점 앞서 가까스로 2라운드에 진출했다. 대부분의 사람들은 이탈리아가 2라운드에서 탈락하게 될 것이라고 입을 모았지만, 2라운드부터 이탈리아는 강호다운 모습을 확실하게 보이며 승승장구를 거듭했다. 브라질과 아르헨티나를 연파하며 준결승에 오른 뒤, 조별예선에서 승부를 가리지 못했던 폴란드마저 격침시키고 결승에 올랐다. 그리고 맞이한 독일과의 결승전. 이탈리아는 한 수 위의 전력을 과시하며 3-1로 독일을 물리치고 피파컵에 입을 맞추게 됐다.

변신하는 아주리군단

1982스페인월드컵에서 통산 3번째 우승을 차지한 이후 이탈리아는 계속해서 못내 아쉬운 성적을 남기고 있다. 5차례 월드컵에서 모두 2라운드 진출 이상의 성적을 거뒀으나 우승과 인연을 맺지 못했다. 매 대회마다 막강한 전력을 구축하며 우승후보로 꼽혔으나, 뭔가가 부족한 듯한 느낌을 주며 정상에 서지 못했다. 1990년 자국에서 펼쳐진 이탈리아월드컵에서는 경기력으로는 자타가 공인하는 최강을 자랑했으나, 준결승에서 마라도나가 이끄는 아르헨티나에게 뼈아픈 승부차기 패배를 당하며 고개를 숙였다. 그리고 1994미국월드컵에서는 초반 부진을 딛고 결승까지 올랐으나, 또 한 번 브라질에게 무릎을 꿇으며 진한 아쉬움을 남겼다. 또한 1998프랑스월드컵과 2002한일월드컵에서도 각각 프랑스와 한국에게 아쉬운 패배를 당하며 정상정복에 실패했다.

이런 이탈리아를 보고 수비축구의 한계점을 지적하는 전문가들이 많다. 세계적으로 과거보다 공격수들의 기량이 많이 발전했고, 공격전술이 다양화되면서 천하의 카테나치오도 경기 내내 철옹성을 구축하기는 힘들다는 의견이 지배적이다. 아무리 강한 수비라인을 갖추고 있다고 해도 공격력이 뒷받침되지 않고서는 세계정상에 오를 수 없다는 이야기다. 다시 말해 이탈리아 역시 공격-미드필드-수비라인의 적절한 밸런스를 갖춰야 최강의 아주리군단으로 자리매김할 수 있다는 의견들이 많다.

최근의 이탈리아 경기들을 보면 위의 지적사항을 고려해 아주리군단이 변화의 움직임을 보이고 있음을 알 수 있다. 과거 수비지향적인 모습과는 다르게 미드필드와 공격에도 많은 신경을 쓰면서 팀 전체의 밸런스를 맞춰나가고 있는 느낌이다. 습관처럼 지키기 축구를 하다가 스스로 주도권을 상대에게 내주며 패배를 자초했던 과거의 실수를 떠올리며 발전적인 변화를 거듭하고 있는 것이다. 과거의 영광을 되찾기 위한 아주리군단의 변신은 오늘도 계속되고 있다.

'남미 최강' 아르헨티나 

화끈한 공격축구

축구를 좋아하는 사람이라면 역대 명승부전 하이라이트와 화끈한 골 퍼레이드 영상을 심심찮게 봤을 것이다. 입이 쩍 벌어지게 만드는 고도의 기술과 박수갈채가 전혀 아깝지 않은 멋진 골, 그리고 '각본 없는 드라마'로 대변되는 극적인 승부. 이런 장면들을 보고 축구의 매력에 빠져든 사람들이 적지 않을 것이다. 그런데 자세히 보면, 이런 축구의 화끈한 신scene에 단골손님으로 등장하는 나라가 있다. 하늘색 줄무늬 유니폼을 입고 긴 머리를 휘날리며 멋있게 공을 차는 선수들. 질풍 같은 드리블과 대포알 같은 중거리슛, 그리고 탄성이 절로 나오게 만드는 환상적인 골! 이것들을 만들어내는 것은 바로 아르헨티나의 미남스타들이다.

아르헨티나는 세계에서 가장 공격적인 축구를 구사하는 팀으로 유명하다. 그동안 아르헨티나는 여러 국제대회에서 상대팀에 관계없이 공격지향적인 모습을 많이 보여 왔다. 상대의 전력이 강하든 약하든 전혀 개의치 않고 자신들의 개성 있는 축구색깔(공격에 비중을 두는 스타일)을 계속해서 유지하고 있다. '공격이 최선의 방어'라는 말을 실감할 수 있을 정도로 아르헨티나는 공격에 많은 비중을 둔다. 이런 공격적인 모습 때문에 아르헨티나는 세계적으로 축구팬들로부터 가장 많은 인기를 얻고 있는 팀 가운데 하나다. 항상 승패를 떠나서 화끈하고 재미있는 경기를 펼쳐 보이기에 아르헨티나가 최고의 인기팀으로 거듭나는 것은 어찌 보면 당연한 일이다. 화끈한 공격축구의 대명사인 아르헨티나. '세계에서 가장 매력적인 팀'이라는 칭호가 전혀 아깝지가 않다.

브라질도 무서워하는 아르헨티나

흔히 아르헨티나를 가리켜 '남미최강'이라는 수식어를 많이 붙인다. 의아한 부분은 '세계최강' 브라질이 남미에 버티고 있는데 어떻게 아르헨티나가 '남미최강'이 될 수 있느냐는 것. 상식적으로 생각하면 이해가 가지 않지만, 브라질과 아르헨티나의 경기를 수차례 지켜본 축구팬이라면 아르헨티나에게 '남미최강'이라는 칭호를 붙여주는 것에 대해 고개를 끄덕일 것이다. 왜냐하면 아르헨티나는 브라질도 무서워할 만큼 탄탄한 전력을 보유하고 있기 때문이다. 전문가들 사이에서 아르헨티나는 "브라질의 개인기에 탄탄한 조직력까지 더한 팀이다"라는 평가를 받을 정도다. 실제로 아르헨티나는 1990년 이후 2006년 5월 현재까지의 전적에서 브라질에 대해 6승 6무 7패 (승부차기는 무승부로 처리)의 호각세를 보이고 있다. 한마디로 아르헨티나는 브라질과 화끈한 한판승부를 벌일 수 있는, 세계에서 몇 안 되는 팀 중 하나인 셈이다.

아르헨티나는 초대 월드컵이었던 1930우루과이월드컵에서 홈팀 우루과이에 밀리며 준우승에 그쳐 줄리메컵을 품에 안지는 못했지만, 축구강호로서의 면모를 톡톡히 과시했다. 그러나 이후 수십 년간 월드컵과 지지리도 인연이 없었던 아르헨티나는 잇따른 불참과 부진한 경기력으로 다른 축구강국들보다 한걸음 뒤처졌다. 1970멕시코월드컵에서는 지역예선에서 충격적인 탈락을 경험했고, 초대 대회 이후 1974서독월드컵까지 4강 이상의 성적을 단 한 차례도 올리지 못하며 강한 인상을 심어주지 못했다.

아르헨티나가 부활의 전주곡을 울린 때는 바로 자국에서 치러진 1978아르헨티나월드컵. 아르헨티나는 홈에서 첫 우승을 일궈내며 전성기를 예고했다. 이 대회에서 아르헨티나는 조 2위로 2라운드에 진출한 다음, 숙적 브라질을 따돌리고 결승전에 진출했다. 그리고 결승전에서 당시 최강이라고 평가받던 '오렌지군단' 네덜란드를 3-1로 물리치며 홈팬들을 열광시켰다. 아르헨티나가 처음으로 월드컵 우승의 감격을 누리며 축구 1등국으로 올라서는 순간이었다.

1980년대 들어서 아르헨티나는 최고의 전성기를 맞이한다. 그 중심에 서 있던 선수가 바로 '축구신동' 마라도나다. 1982 스페인월드컵에서 만족스럽지 못한 데뷔전(아르헨티나 11위)을 치른 마라도나는 1986멕시코월드컵에서 최고의 축구스타로 우뚝 선다. 환상적인 드리블, 완벽한 보디 밸런스, 날카로운 패스 능력, 그리고 직접 골을 만들어내는 해결사 능력까지 갖춘 마라도나는 '펠레 이후 최고의 선수'라는 찬사를 얻으며 아르헨티나를 통산 2번째 우승으로 이끌었다. 특히 잉글랜드와의 8강전에서 마라도나가 보여준, 수비수 6명을 잇따라 제치고 터뜨린 결승골은 아직도 월드컵 최고의 장면으로 평가받고 있다.

1990이탈리아월드컵. 아르헨티나는 오뚝이처럼 계속 일어서며 준우승이라는 좋은 성적을 남긴다. 1986멕시코월드컵 때보다는 상대적으로 전력이 많이 약해져 경기마다 고전을 면치 못했으나, 마라도나를 앞세워 월드컵 2회 연속 결승 진출의 쾌거를 이뤄낸 것이다. 비록 '전차군단' 독일의 조직력에 밀리며 준우승에 그쳤지만, 아르헨티나의 끈기와 저력에 많은 축구팬들이 박수갈채를 보냈다.

최고의 뉴스메이커

화끈한 공격축구를 선보이며 1980년대 최고의 팀으로 각광을 받았던 아르헨티나도 1990년도에 접어들면서는 다소 하락세를 보였고, 매 월드컵마다 우승후보로 각광받았음에도 불구하고 고비를 넘지 못하고 정상에 올라서지 못해 많은 축구팬들을 아쉽게 했다. 아르헨티나는 1990이탈리아월드컵에서 마라도나를 앞세워 2회 연속 우승을 노렸으나 '전차군단' 독일의 압박축구에 가로막히며 준우승에 그쳤다. 그리고 1994미국월드컵에서는 동구의 강호 루마니아에게 무릎을 꿇으며 8강 진출에 실패했고, 1998프랑스월드컵에서는 '오렌지군단' 네덜란드에게 아쉽게 패하며 준결승 문턱에서 주저앉았다. 아시아에서 처음으로 열린 2002한일월드컵에서는 조별예선 탈락이라는 치욕적인 성적을 남겼다.

기대에 못 미치는 성적으로 실망감을 안겨줬던 아르헨티나. 하지만 아르헨티나는 최근 10여 년 동안의 월드컵에서 항상 우승팀 못지않은 화제를 몰고 다녔고, 꾸준하게 최고의 뉴스거리를 만들어내며 축구팬들을 깜짝 놀라게 했다. 언제나 화끈하고 재미있는 경기를 펼치는 만큼 크고 작은 사고들도 많이 터뜨렸던 아르헨티나다.

아르헨티나가 가장 먼저 터뜨린 대형사고는 바로 '신의 손' 사건으로 이는 1986멕시코월드컵 8강 잉글랜드전에서 마라도나가 만들어낸, 월드컵 역사상 최고의 화젯거리다.

포클랜드 전쟁(1982.4.1~1982.6.14)으로 앙금이 남아 있었던 아르헨티나와 잉글랜드. 전반은 팽팽한 긴장감 속에 헛심 공방이 진행되며 결국 0-0으로 끝났다. 그리고 곧이어 마라도나를 위한 후반전이 시작됐다. 후반 6분 아르헨티나의 공격을 막던 잉글랜드 수비수의 킥이 다소 잘못 맞아 잉글랜드 골문 앞에서 볼이 높이 솟구쳤다. 잉글랜드 골키퍼가 점프하며 무난하게 볼을 잡을 듯 보였다. 그러나 그 순간 마라도나가 공중으로 솟아오르며 믿기 힘든 마술을 펼쳤다. 골키퍼보다 훨씬 키가 작은 마라도나가 헤딩을 시도했고, 볼은 거짓말처럼 잉글랜드 골문 안으로 굴러들어 갔다. 이것이 그 유명한 '신의 손' 사건으로, 마라도나가 아무도 볼 수 없게 그의 손으로 볼을 살짝 건드려 선취골을 뽑아낸 것이었다.

경기장은 거짓말 같은 장면에 술렁거렸다. 하지만 4분 뒤 의심의 눈초리들은 환호성으로 바뀌었다. 마라도나가 전매특허인 근접드리블로 잉글랜드 수비수 6명을 따돌린 뒤 왼발슛을 날린 것이다. 심판의 휘슬이 길게 울렸고 아르헨티나가 8강행의 쐐기를 박는 순간이었다. 경기를 지켜본 사람들 모두가 왜 마라도나가 '축구의 신'인지를 깨닫는 순간이기도 했다. 경기 후 마라도나의 첫 골은 명백한 핸드볼 파울로 판명됐다. 하지만 마라도나는 "그것(선취골을 넣은 손)은 나의 손이 아니라 신의 손이었다"고 말했고, 그의 능력을 폄훼하는 사람은 아무도 없었다.

1990이탈리아월드컵에서 아르헨티나는 이변의 최대 희생

양이 되면서 큰 화제를 모았다. 디펜딩챔피언 자격으로 개막 전에 나선 아르헨티나는 아프리카의 카메룬에게 0-1로 패하며 고개를 숙였다. 마라도나를 중심으로 전 대회 우승멤버가 대거 포함되어 있었지만 카메룬 선수들의 투지에 밀리며 패배의 쓴잔을 마신 것이다. 아르헨티나의 이 패배는 지금까지도 월드컵 역사상 가장 큰 이변으로 평가받고 있다.

흥미로운 것은 아르헨티나가 이 대회에서 개막전 쇼크를 입었음에도 불구하고 끈질긴 모습을 보이며 준우승을 차지했다는 사실이다. 아르헨티나는 조별예선을 3위로 가까스로 통과한 뒤, 16강전에서 브라질에 압도적으로 밀리다가 마라도나-클라우디오 카니자Claudio Caniggia로 이어진 한 방으로 8강에 진출했다. 이어진 유고와의 8강전과 이탈리아와의 준결승전에서는 세르지오 고이코체아Sergio Goycochea의 눈부신 승부차기 선방에 힘입어 2경기 연속 승부차기에서 승리를 거두고 결승에 진출했다. 비록 결승전에서는 독일에게 0-1로 패하며 우승의 꿈을 접었지만, 아르헨티나의 끈기와 저력에 많은 축구팬들이 환호성을 내질렀다.

이후에도 아르헨티나와 관련된 쇼킹한 뉴스는 계속 이어졌다. 1994미국월드컵에서는 마라도나가 금지약물 양성반응을 보이며 대회 도중 선수자격을 박탈당해 축구계를 떠들썩하게 했고, 1998프랑스월드컵에서는 네덜란드와 역대 최고의 명승부를 펼치며 주목을 받았다. 또한 2002한일월드컵에서는 우승후보 1순위로 지목받았으나, '죽음의 조'였던 F조에서 스웨덴

대 회	성 적
1930우루과이월드컵	준우승
1934이탈리아월드컵	9위
1938프랑스월드컵	불참
1950브라질월드컵	불참
1954스위스월드컵	불참
1958스웨덴월드컵	13위
1962칠레월드컵	10위
1966잉글랜드월드컵	5위
1970멕시코월드컵	지역예선 탈락
1974서독월드컵	8위
1978아르헨티나월드컵	우승
1982스페인월드컵	11위
1986멕시코월드컵	우승
1990이탈리아월드컵	준우승
1994미국월드컵	10위
1998프랑스월드컵	6위
2002한일월드컵	18위

표 4. 아르헨티나의 역대 월드컵 성적

과 잉글랜드에게 밀리며 탈락해 많은 충격을 던져주기도 했다. 탈도 많고, 말도 많은 아르헨티나지만, 어쨌든 경기 내외적으로 최고의 화제를 몰고 다니는 팀임에 틀림없다.

제2의 마라도나를 기다리며

최근 10년간 아르헨티나에서는 '제2의 마라도나' 후보가 지

속적으로 등장하고 있다. 하비에르 사비올라Havier Saviola, 파블로 아이마르Pablo Aimar, 후안 리켈메Juan Roman Riquelme, 카를로스 테베스Carlos Tevez, 그리고 리오넬 메시Lionel Messi까지, 출중한 기량을 갖춘 젊은 선수들이 잇따라 등장하며 아르헨티나 축구의 밝은 미래를 기약하고 있다. 하지만 이렇게 '제2의 마라도나 후보'는 계속 나오고 있지만, 정작 '제2의 마라도나'의 주인공은 나오지 않아 축구팬들을 아쉽게 하고 있다. 위에 언급한 선수들을 포함해 좋은 기량을 갖춘 유망주들이 매우 많지만, '축구신동'으로 불렸던 마라도나 만큼 성장하지는 못하고 있다. 그러면서 "제2의 마라도나는 나올 수 없다"는 말까지 나오고 있다. 그만큼 마라도나가 대단했다는 것을 증명하는 것이다.

아르헨티나가 마라도나의 대표팀 은퇴 이후 월드컵에서 계속해서 만족스럽지 못한 성적을 기록하고 있다는 것도 흥미롭다. 아르헨티나는 마라도나가 대표팀에서 빠지면서부터 하락세를 보이며 별다른 성적을 내지 못하고 있다. 1994미국월드컵에서 아르헨티나는 마라도나가 뛴 첫 두 경기(그리스전, 나이지리아전)를 승리하며 강력한 우승후보로 떠올랐다. 그러나 약물복용으로 마라도나가 경기에 나서지 못하자 한 수 아래로 여겼던 불가리아에게 0-2로 완패를 당하며 팬들에게 충격을 던져줬다. 가까스로 와일드카드를 거머쥐며 16강선에 올랐으나 아르헨티나는 결국 루마니아에게 2-3으로 무릎을 꿇으며 8강 진출에 실패했다. 1998프랑스월드컵에서 아르헨티나는 일

본, 자메이카, 크로아티아를 차례로 물리치고 조별예선을 전승으로 통과했고, 16강전에서도 잉글랜드를 승부차기로 누르며 기분 좋게 8강에 올랐다. 그러나 8강전에서 네덜란드에 1-2로 패하며 분루를 삼켰다. 또한 2002한일월드컵에서는 우승후보 1순위로 각광을 받았지만 스웨덴, 나이지리아, 잉글랜드와 함께 속한 죽음의 조의 관문을 뚫지 못하고 조별예선 탈락이라는 치욕적인 성적표를 받아들었다. 막강한 전력을 자랑하고 있지만 위기를 넘기지 못하고 무너졌던 아르헨티나. 마라도나 같은 카리스마 넘치는 캡틴이 없었음이 큰 아쉬움으로 다가온다.

천재는 쉽게 등장하지 않는 법이다. 너무 자주 등장하면 천재라는 칭호가 별 의미가 없다. 그것은 축구에서도 마찬가지다. 특히 아르헨티나 축구를 살펴보면 더 쉽게 설명할 수 있을 것 같다. 과연 아르헨티나의 축구역사상 최고의 천재로 각광받았던 마라도나의 후계자는 언제쯤 나타나게 될까. 화끈한 공격축구의 대명사인 아르헨티나를 이끌고 월드컵 우승의 영광을 재현할 '제2의 마라도나'의 등장을 앞으로도 기다려본다.

'축구 종가' 잉글랜드

영광스런 고립

영국은 예로부터 자존심이 매우 강한 나라로 잘 알려져 왔다. 이를 대표적으로 설명하는 용어가 바로 '스플렌디드 아이솔레이션splendid Isolation'. 해석하자면 '영광스런 고립' 정도로 표현할 수 있다. 영국은 전통적으로 자신들의 우월성을 내세우며 다른 국가들과는 전혀 동맹을 맺지 않았다. 자신들이 가장 뛰어나다는 자만심 속에서 '혼자 잘 먹고 잘 살기'를 추구해왔던 것이다. 물론 최근 들어 이런 모습들은 많이 사라졌지만, 아직도 외교정책 등을 살펴보면 '영광스런 고립' 성향이 조금은 남아있음을 알 수 있다.

축구에 관해서도 영국은 이러한 성향을 오랫동안 유지해왔다. 영국은 월드컵 초기에 대회 자체를 '축구 초보자들이 참가하는 별 볼 일 없는 이벤트'로 평가절하하며 불참을 선언했다(영국은 1950브라질월드컵에 처음으로 참가했다). 또한 자국에 4개의 축구협회(잉글랜드, 스코틀랜드, 북아일랜드, 웨일스)를 따로 두었는데, 세계무대에 이 4개의 축구협회가 서로 다른 팀을 참가시키며 축구종가의 특권을 톡톡히 누렸다. 자신들이 만든 축구라는 종목이니 '다른 나라들에게 한 수 접어줘야 어느 정도 수준이 맞는다'고 생각을 했던 것이다. 특히 영국의 대표주자인 잉글랜드는 최근까지 '우리(잉글랜드)는 다른 나라들과는 격이 다르다'는 오만한 생각을 하면서 '영광스런 고립'을 오랫동안 고수해왔다.

하지만 한 수 아래로 여겼던 팀들과의 격차가 좁혀지고, 오히려 다른 팀들에게 뒤지는 모습이 확실히 드러나자 잉글랜드도 결국 스스로 자존심을 접었다. 오랫동안 유지했던 '킥 앤드 러시kick and rush'의 플레이 스타일을 버리고 세계축구의 흐름을 받아들이며 업그레이드된 모습을 보이고 있다. 2002 한일월드컵을 앞두고는 사상 처음의 외국(스웨덴)인 사령탑으로 스벤 고란 에릭손Sven Goran Eriksson을 영입하며 스스로 고개를 숙이는 겸손함을 보이기까지 했다. 정상 정복을 위해 쓸데없는 자존심을 버리고 배우는 자세를 보이고 있는 잉글랜드이다.

상처 그리고 영광

잉글랜드는 초기 월드컵에 모습을 전혀 드러내지 않았다. 이유는 앞서 언급했던 것처럼 자신들이 별 볼 일 없는 대회(월드컵)에 참가할 필요가 없다고 생각했기 때문이다. 그러나 잉글랜드는 처음 참가한 월드컵에서부터 충격적인 패배를 당하며 망신을 당하고 만다. 1950브라질월드컵에 처음으로 모습을 드러낸 잉글랜드의 목표는 당연히 우승이었다. 그러나 '영광스런 고립'과 함께 자만에 빠져있던 잉글랜드는 우승은 고사하고 '축구불모지'였던 미국에게 패하며 고개를 숙였다.

이후에도 잉글랜드의 고전은 계속됐다. "미국전 패배는 실수다"라고 주장하며 1954스위스월드컵에서 출전했으나 고작 8강 진출에 그쳤고, 1958스웨덴월드컵에서는 조별예선에서 탈락하고 말았다. 또한 1962칠레월드컵에서도 8강전에서 브라질에게 패하며 쓴맛을 봤다. 최강이라고 자부했던 잉글랜드가 자신들이 그토록 무시하던 월드컵 무대에서 4개 대회 동안 단 한 번도 준결승 고지를 밟아보지 못했던 것이다. 자신들은 결코 인정하려 하지 않았지만, 당시 잉글랜드는 다른 축구 우등생들보다 한참 경쟁력이 떨어져 있었던 것이 사실이다.

상처 입은 축구종주국 잉글랜드. 하지만 자국에서 펼쳐진 1966년 월드컵에서 정상정복에 성공하며 자존심을 곧추세웠다. "반드시 우승한다"를 외치던 잉글랜드는 프랑스와 멕시코를 연파하며 조별예선을 가볍게 통과했고, 8강전에서도 난적 아르헨티나를 1-0으로 꺾고 사상 처음으로 월드컵 준결승에 올랐다. 그리고 준결승전에서 당시 막강 전력을 자랑하던 포르투갈을 2-1로 물리치고 결승에 진출했다. 결승전에서 잉글랜드를 기다리던 상대는 '전차군단' 독일. 잉글랜드는 독일과 일진일퇴의 공방전을 펼친 끝에 연장전 승부에 들어갔고, 연장전에서 2골을 몰아넣으며 4-2로 승리를 거뒀다. 잉글랜드가 그동안 상처받았던 자존심을 회복하며 정상에 올라서는 순간이었다.

행운의 우승은 오래가지 못한다!

사실 잉글랜드가 1966년 자국에서 펼쳐진 월드컵에서 우승할 수 있었던 데에는 운이 많이 작용했었던 게 사실이다. 잉글랜드는 가장 강력한 우승후보로 거론되던 브라질이 어이없게 조별예선에서 탈락하는 바람에 우승 가능성을 드높였다. 당시 브라질은 주포인 펠레가 상대팀의 심한 견제로 부상을 입으며 충격의 조별예선 탈락을 경험했다. 브라질이라는 우승의 최대 걸림돌을 피한 잉글랜드는 승승장구하며 결승에 올랐다. 그리고 독일과의 결승전에서 '결정적인 오심'으로 인해 결승골을 터뜨리는 행운을 누렸다.

2-2로 팽팽히 맞서던 잉글랜드와 독일의 결승전 연장 전반 11분. 제프 허스트Geoff Hurst가 날린 강슛이 독일의 크로스바를 강하게 튕기며 아래로 떨어졌다. 순식간에 일어난 장면이라 선수들과 관중들 모두 깜짝 놀란 상황. 그때 골인임을 알리

는 심판의 휘슬이 길게 울렸고, 잉글랜드 선수들은 환호작약하기 시작했다. 반면에 독일 선수들은 노골임을 주장하며 주심에게 거칠게 항의했다. 하지만 이미 골은 인정된 뒤였다. 이후 잉글랜드는 연장 후반 종료 직전 허스트가 1골을 더 잡아내며 독일을 4-2로 꺾고 첫 우승의 영광을 안았다. 경기가 끝난 후 비디오판독 결과 허스트의 결승골은 명백한 노골로 판명됐다. 그러나 이미 줄리메컵은 잉글랜드의 가슴에 안긴 뒤였다.

자국에서 월드컵 우승을 차지하며 축구종가로서의 자존심을 회복한 잉글랜드. 하지만 많은 다른 나라들이 주장했던 것처럼 잉글랜드의 우승은 역시 홈그라운드의 이점과 행운이 만들어낸 것이었을까. 잉글랜드는 이후 월드컵에서 힘없이 정상자리를 내주며 내리막을 걷기 시작했다. 2연패를 노리던 1970 멕시코월드컵에서 잉글랜드는 8위에 그쳤다. 공교롭게도 조별예선부터 만나기 싫어했던 브라질을 만나 패배의 아픔을 맛봤고, 8강전에서는 4년 전 결승전에서 맞붙었던 독일에게 연장 접전 끝에 2-3으로 무릎을 꿇으며 귀국길 보따리를 쌌던 것이다. 한술 더 떠 잉글랜드는 1974서독월드컵과 1978아르헨티나월드컵에서는 지역예선 탈락이라는 치욕을 맛보며 세계축구의 높은 벽을 실감했다.

이후 잉글랜드는 전열을 가다듬고 1982스페인월드컵부터 다시 정상탈환을 노렸다. 그러나 항상 고비를 넘지 못하며 징성딜환에 실패해 진한 아쉬움을 남겼다. 그리고 1994미국월드컵에서는 다시 지역예선에서 탈락하며 축구팬들을 크게 실망시켰다.

대　회	성　적
1930우루과이월드컵	불참
1934이탈리아월드컵	불참
1938프랑스월드컵	불참
1950브라질월드컵	8위
1954스위스월드컵	6위
1958스웨덴월드컵	11위
1962칠레월드컵	8위
1966잉글랜드월드컵	우승
1970멕시코월드컵	8위
1974서독월드컵	지역예선 탈락
1978아르헨티나월드컵	지역예선 탈락
1982스페인월드컵	6위
1986멕시코월드컵	8위
1990이탈리아월드컵	4위
1994미국월드컵	지역예선 탈락
1998프랑스월드컵	9위
2002한일월드컵	6위

표 5. 잉글랜드의 역대 월드컵 성적

　　잉글랜드가 고전을 면치 못하던 1970∼1990년도에 축구전
문가들은 잉글랜드를 ‘2% 부족한 팀’으로 분류했다. 강팀임에
는 틀림없지만 정상에 오르기에는 뭔가가 모자란다는 평이 많
았다. 실제로 잉글랜드는 1966년 월드컵에서 우승한 이후에도
계속해서 ‘킥 앤드 러시’의 전통적인 축구 스타일을 구사했다.
하지만 세월이 흐르면서 축구도 변했고, 잉글랜드의 ‘킥 앤드

러시'는 시간이 갈수록 위력을 잃어갔다. 한마디로 당시 잉글랜드는 빠르게 변해가는 세계축구의 흐름을 파악하지 못하며 축구 2등국으로 전락하고 말았던 것이다.

변신, 그리고 새로운 도전

1998프랑스월드컵 16강전. 잉글랜드는 '숙적' 아르헨티나와 또 만났다. 그리고 펼쳐진 명승부전. 잉글랜드는 2골을 주고받는 혈전을 펼친 끝에 연장까지 승부를 가리지 못하고 결국 피를 말리는 승부차기에 돌입했다. 결국 아쉬운 3-4패배. 잉글랜드가 또 한 번 고비를 넘지 못하고 32년 만의 정상탈환의 꿈을 접는 순간이었다.

4년 뒤. 2002한일월드컵을 앞두고 잉글랜드는 자신감에 가득 찼다. 출중한 기량을 가진 신예들이 무럭무럭 자라며 신구의 조화를 이뤄 매우 짜임새 있는 전력을 갖췄기 때문이다. '이번에는 충분히 우승할 수 있을 것이다'라는 기대감이 잉글랜드 내에서 감돌았다. 하지만 잉글랜드는 지역예선 초반부터 삐걱거리며 매우 흔들리기 시작했다. 초반 2경기에서 얻은 승점이 고작 1점. 월드컵 우승의 꿈은 고사하고, 월드컵 본선행 가능성도 어둡게 내비쳐지고 있었다

이때, 잉글랜드 축구협회는 사상 처음으로 외국인 사령탑을 영입하는 극약처방을 단행해 큰 화제를 불러 모았다. 물론 축구에 대한 자존심에서 둘째가라면 서러울 잉글랜드 팬들은 반

대의 목소리를 매우 거세게 드높였다. 그러나 이 외국인 감독에게 보내졌던 야유는 얼마 지나지 않아 뜨거운 찬사로 뒤바뀌었다.

위기의 잉글랜드를 구한 감독이 바로 그 유명한 에릭손 감독이다. 그는 개성이 강한 잉글랜드대표팀의 스타일을 조직력 위주로 탈바꿈시켰다. 출중한 기량을 갖춘 선수들이 톱니바퀴같이 짜임새 있게 움직일 수 있도록 만들며 팀의 내실을 다졌고, 이렇게 만들어진 탄탄한 조직력을 바탕으로 전술의 토대를 마련하며 팀을 발전시켜 나갔다. 이런 에릭손 감독의 '강팀 만들기' 작업 하에 잉글랜드는 날이 갈수록 더 나은 경기력을 보였고, 결국 '전차군단' 독일을 제치고 한일월드컵 본선직행 티켓을 거머쥐는 감격을 누리게 됐다. 잉글랜드가 오랫동안 버리지 못했던 쓸데없는 자존심을 드디어 접고, 에릭손 감독과 함께 새로운 팀으로 거듭나게 된 것이다.

잉글랜드는 한일월드컵 본선에서 브라질에게 패하며 준결승 진출에 실패했다. 하지만 그들이 보여줬던 저력은 이전의 월드컵과는 다른 인상적인 모습이었다. 게다가 젊은 선수들 위주로 팀이 구성되었기 때문에 미래가 더 밝게 빛난다는 평가를 많이 받았다. 현재 잉글랜드는 공격-미드필드-수비 라인에서 모두 세계 최정상급으로 인정받고 있다. 당당하게 월드컵 우승후보로서 다시 인정받기 시작한 것이다. 새로운 변신과 더불어 또 다른 도전의 길을 걷고 있는 잉글랜드. '축구종가'의 도전은 이제부터가 본격적인 시작이다.

‘월드컵 빅 5’에 관한 에피소드

‘전차군단’ 독일이 가장 무서워하는 팀은?

필자는 월드컵 ‘빅5’(현재까지 월드컵 통산성적은 브라질-독일-이탈리아-아르헨티나-잉글랜드 순이다. 표 6 참조)의 성적을 정리하다가, 4년 전 몹시 궁금해 하다가 잊어버린 소중한 기억의 단편을 찾았다. 바로 독일 유학 시절 한 독일인이 던져준 의문이었는데, 무려 4년이 지나 독일에서 월드컵이 펼쳐지기 직전에 이 책을 쓰면서 너무나도 궁금했던 의문점을 풀 수가 있었다.

2002년 6월 17일. 필자는 독일의 포츠다머 플라츠Potzdamer Platz(포츠담 광장)에서 한국과 이탈리아의 2002한일월드컵 16

순위	나라	경기수	승	무	패	득점	실점	승점
1	브라질	87	60	14	13	191	82	134
2	독일	85	50	18	17	176	106	118
3	이탈리아	70	39	17	14	110	67	95
4	아르헨티나	60	30	11	19	102	71	71
5	잉글랜드	50	22	15	13	68	45	59
6	스페인	45	19	12	14	71	53	50
7	프랑스	44	21	7	16	86	61	49
8	러시아	37	17	7	13	64	44	41
9	스웨덴	42	15	11	16	71	65	41
10	유고	37	16	8	13	60	46	40

표 6. 월드컵 역대순위 TOP 10

* 순위 정하는 순서 : 승점-골득실-다득점-경기수
* 승점 계산법 : 승리-2점, 무승부-1점, 패배-0점(승부차기는 무승부로 처리)
* 1994미국월드컵 이후부터 승리에 대한 승점이 3점으로 바뀌었으나, 월드컵 랭킹을 산정할 때는 '승리-2점, 무승부-1점, 패배-0점'의 전통적인 방법을 이용함.

강전을 관전했다. 물론 빨간 옷을 챙겨 입고 독일 현지의 교민들과 함께 목소리를 높이며 한국의 승리를 기원했다. 우리(한국 응원단)보다 훨씬 많은 이탈리아 응원단과도 맞대결을 펼치며 응원의 목소리를 드높였고, 안정환의 골든골로 한국이 극적인 역전승을 거두자 사람들과 얼싸안고 기뻐했던 순간이 아직도 기억에 생생하다(대형 이탈리아 국기를 옷으로 만들어 입은 뚱뚱한 아저씨와 통하지도 않는 말을 섞으며 한바탕 입씨름(?)을 했던 것도 머릿속에 떠오른다).

극적인 승리. 역전을 불허한다는 '아주리 군단'을 상대로 대역전극을 펼친 태극전사들이 너무나도 자랑스러웠다. 그리고 승리감에 도취된 필자는 "대~한민국"을 외치면서 같이 응원을 하러 왔던 한국인들과 승리의 만찬을 갖기 위해 아이스크림 집으로 향했다.

그런데 그때 한 독일인의 축하메시지가 귓가를 스쳤다. "필렌 당크!Vielen Dank!" 어줍지 않은 독일어 실력과 손짓발짓을 더해 짧은 대화를 나눠보니, 그 독일인은 이탈리아를 꺾어줘서 너무나도 고맙다는 인사를 우리들에게 하고 있었다. 그렇다면 왜 그 독일인은 한국의 승리를 그렇게도 기뻐했을까. 이유는 간단했다. 독일이 역대 월드컵에서 이탈리아에게 유난히 약한 모습을 계속 보이고 있었기 때문이다.

2002한일월드컵까지 누적된 성적을 바탕으로 한 월드컵 랭킹에서 '전차군단' 독일은 '삼바군단' 브라질에 이어 2위에 랭크되어 있다. 유럽에서 가장 좋은 월드컵 성적을 거둔 팀이 바로 독일이다. 생각을 더듬어보니 독일은 1982스페인월드컵 이후로 우승 1회(1990이탈리아월드컵), 준우승 3회(1982스페인월드컵, 1986멕시코월드컵, 2002한일월드컵), 8강 2회(1994미국월드컵, 1998프랑스월드컵)라는 대단한 성적을 거뒀었다.

하지만 이렇게 막강전력을 뽐냈던 '전차군단'도 이상하게 '아주리군단' 앞에만 서면 매번 힘을 못 썼다. 역대 월드컵에서 총 4차례 만나서 거둔 성적이 2무 2패. 1982스페인월드컵에서 1-3으로 패한 것을 포함해 단 한 번도 이탈리아를 꺾지 못했다(표 7 참조). 독일로서는 스페인월드컵 이후 이탈리아를 한 번도 안 만난 것이 다행스러운 일인 셈이다. 그런 측면에서 볼 때 독일은 한일월드컵에서 한국이 지긋지긋한 이탈리아를 꺾어줬으니, 정말로 속이 시원했을 법하다. 왜 지나가던 독일인이 이탈리아를 꺾고 기뻐하던 필자에게 "고맙다"라는 말을 했는지 충분히 이해가 갈 만하다.

월드컵 '빅5' 맞대결 성적표

궁금증을 풀기 위해서 독일과 이탈리아의 역대 월드컵 맞대결 결과를 살펴봤다. 하지만 그 많은 대회의 성적을 모조리 뒤지면서 독일과 이탈리아의 성적표만을 비교해 보기에는 아까운 느낌이 많이 들었다. 그래서 '빅5'로 불리는 브라질, 독일, 이탈리아, 아르헨티나, 잉글랜드의 맞대결 성적을 유심히 살펴봤다. 그랬더니, 이 맞대결 성적표 속에는 역시나 여러 가지 재미난 이야기들이 숨겨져 있었다.

일단 가장 눈에 띄는 부분이 브라질과 독일의 어색한 첫 만남. 지금까지 총 17번의 월드컵이 치러졌지만 월드컵 랭킹 1, 2위인 브라질과 독일은 단 1차례밖에 만나지 않았다. 그것도 월드컵이 시작된 지 72년이 지난 한일월드컵 결승에서야 비로소 두 팀은 처음 격돌했다. 우승횟수(브라질 5회, 독일 3회)와 참가횟수(브라질 17회, 독일 15회)에서 1,2위를 달리고 있는 두 팀이 한일월드컵 결승까지 단 한 번도 월드컵에서 만나지 않았었다는 사실이 매우 신기하다.

두 번째로 흥미로웠던 부분이 '축구종가' 잉글랜드의 고전.

잉글랜드는 1966년 자국에서 열린 월드컵 이후에 '빅4'들을 무려 36년 동안 월드컵 무대에서 단 한 번도 이기지 못했다. 1966잉글랜드월드컵 결승에서 독일을 4-2로 꺾고 우승한 이후, '빅4'에게 계속해서 뭇매를 맞으면서 우승의 꿈을 날려버린 잉글랜드는 1986멕시코월드컵에서 마라도나의 '신의 손'에 당하는 수모를 겪기도 했다. 그리고 2002한일월드컵이 되

	브라질	독일	이탈리아	아르 헨티나	잉글랜드	합계
브라질	X	1승 2득점 0실점	2승 1무 2패 9득점 7실점	2승 1무 1패 5득점 3실점	3승 1무 6득점 2실점	8승 3무 3패 22득점 12실점
독일	1패 0득점 2실점	X	2무 2패 4득점 7실점	2승 1무 1패 6득점 4실점	1승 2무 1패 6득점 7실점	3승 3무 5패 16득점 20실점
이탈 리아	2승 1무 2패 7득점 9실점	2승 2무 7득점 4실점	X	2승 3무 6득점 4실점	1승 2득점 1실점	7승 6무 2패 22득점 18실점
아르 헨 티나	1승 1무 2패 3득점 5실점	1승 1무 2패 4득점 6실점	3무 2패 4득점 6실점	X	1승 1무 3패 5득점 8실점	3승 6무 9패 16득점 25실점
잉글 랜드	1무 3패 2득점 6실점	1승 2무 1패 7득점 6실점	1패 1득점 2실점	3승 1무 1패 8득점 5실점	X	4승 4무 6패 18득점 19실점

표 7. '빅5' 맞대결 성적표

어서야 비로소 데이비드 베컴David Bechkam의 페널티킥 결승골
로 아르헨티나를 격침시키며 '빅4'와의 대결에서 유독 약했던
징크스를 가까스로 털어냈다. 개인적으로는 잉글랜드가 1966
잉글랜드월드컵 결승전에서 큰 논란이 됐던 허스트의 골(주심
의 오심으로 결승골로 연결됨)에 대한 벌을 그동안 받아온 것이
아닌가라는 생각이 들기도 했다.

　월드컵 역대 빅5의 맞대결 성적표에서 마지막으로 눈여겨
볼 만했던 부분이 바로 '아주리군단' 이탈리아의 호성적이었
다. 물샐 틈 없는 수비를 자랑하는 이탈리아의 성적표가 생각
보다 매우 좋았다. 이탈리아는 현재 '넘버원'인 브라질과의 맞
대결(2승 1무 2패)에서도 크게 밀리지 않았고, 나머지 빅5에 속
하는 나라들에게는 단 한 차례도 패하지 않았다. 역시 축구에
서는 수비가 강해야 강팀을 꺾을 수 있다는 생각이 다시 한
번 들면서, 이런 말이 새삼 떠올랐다.

　"공격이 강하면 1경기를 멋있게 이길 수 있지만, 수비가 강
하면 우승을 할 수 있다."

펠레와 1970브라질

미스터 브라질 – '축구황제' 펠레

셀 수 없을 만큼 많은 '삼바군단' 브라질의 과거 그리고 현역 축구스타들 가운데서도 가장 위대한 선수로 꼽히는 주인공이 바로 '축구황제' 펠레다. 펠레는 유연한 몸놀림과 신기의 드리블, 완벽한 볼 컨트롤 능력과 화려한 개인기, 득점력, 헤딩력 등 공격 모든 분야에서 어느 하나 빠짐없이 모두 최상을 자랑했던 축구계의 신화와 같은 존재였다. 1900년도 중반에 주로 활약했음에도 불구하고 펠레는 현 시대의 어린 축구팬들에게도 진정한 축구황제로 인정받고 있을 정도이니, 가히 '영원한 축구황제'라는 말이 나올 만하다.

펠레는 1940년 10월 23일 브라질의 작은 시골 마을 트레스 코아코레스에서 축구선수 출신이었던 돈 디뉴Dondi- nho의 아들로 태어났다. 풀네임은 에드손 아란테스 두 나시멘투Edson Arantes do Nasci- mento. 축구를 했던 아버지의 피를 이어받은 펠레는 어릴 때부터 '신동' 소리를 들었고, 소년 축구팀에서 또래 선수들보

펠레 (ⓒ 김성혜)

다 훨씬 더 뛰어난 기량을 보이며 '펠레'('펠레'라는 단어 자체의 뜻은 없다. 펠레는 '검은 진주'를 뜻하는 '페롤라 네그라Perola Negra'라는 별명을 가지고 있었는데, 유명세를 타면서 '펠레'로 간단하게 불리게 됐다)라는 별명을 얻었다. 펠레는 1956년 만 16세가 되기 전에 브라질 최고의 명문팀인 산토스에 입단하며 프로에 데뷔하게 된다. 그리고 프로 데뷔전이었던 FC 코리안티안스전에서 득점을 올리며 축구팬들을 깜짝 놀라게 했다. 이후 펠레는 브라질 프로무대에서 선풍적인 활약을 펼치며 '축구천재'라는 별명을 얻었고, 이듬해에 브라질 국가대표로 뽑히며 세계무대에 첫 선을 보이게 된다.

1958년 펠레는 만 17세의 어린 나이에 스웨덴월드컵에 브라질 대표로 당당히 출전하여 눈부신 기량을 발휘하며 전 세계 축구팬들의 머릿속에 '펠레'라는 이름을 확실하게 각인시

키게 된다. 쟁쟁한 선배들에게 밀려 후보로 대회에 참가했던 펠레는 브라질이 예선탈락의 위기에 빠져있던 구 소련과의 경기에 '구세주'로서 전격 투입됐다. 펠레는 이날 경기에서 비록 득점을 올리지 못했지만, 환상적인 기량을 선보이며 브라질의 2-0 승리의 가장 큰 몫을 담당했다. 가린샤Garincha, 디디Didi, 바바Vava 등의 선배들과 함께 구 소련 골문에 융단폭격을 가하며 브라질의 승리에 큰 힘을 보탰다. 이후 경기부터 기세가 오른 펠레를 막을 자는 아무도 없었다. 펠레는 웨일스와의 준준결승전에서 자신의 월드컵 데뷔골을 결승골로 작렬하며 팀을 준결승으로 끌어올렸고, 프랑스와의 준결승전에서는 해트트릭 원맨쇼를 펼치며 브라질을 결승에 올려놓았다. 그리고 맞이한 홈팀 스웨덴과의 결승전. 펠레는 환상적인 기량과 함께 2골을 스웨덴 골문에 꽂아 넣으며 팀 동료들과 함께 줄리메컵을 들어올리게 된다. 번개 같은 스피드와 정확한 기회포착 능력, 뛰어난 지능에 완벽한 기술까지 겸비한 펠레를 보고 사람들은 "축구의 신이 나타났다"며 극찬을 아끼지 않았다.

스웨덴월드컵 우승 이후 펠레는 계속해서 기량을 발전시키며 세계최고의 축구선수로 우뚝 서게 된다. 산토스 소속이던 펠레는 브라질리그에서 1959년에 127골, 1961년에 110골을 기록하며 축구팬들을 깜짝 놀라게 했다. 또한 남미의 챔피언스리그라고 할 수 있는 코파 리베르디도레스에서 산토스를 1961년과 1962년 연거푸 정상에 올려놓으며 최고스타로 거듭났다.

1962칠레월드컵. 펠레는 조국 브라질이 2연패를 이뤄냈지만 웃을 수가 없었다. 그 이유는 바로 멕시코와의 조별예선 첫 경기에서 심한 부상을 당해 남은 경기에 출전하지 못했기 때문. 동료 선수들이 두 번째 월드컵 우승을 이뤄내는 모습을 펠레는 그저 담담히 지켜볼 수밖에 없었다. 그의 불운은 여기서 끝이 아니었다. 항상 주요 마크 대상이었기 때문에 부상의 위협은 계속되었고, 1966잉글랜드월드컵에서도 부상으로 대회에서 중도하차하였다. 포르투갈과의 조별예선 세 번째 경기에서 상대수비수의 거친 파울에 쓰러지며 그라운드 밖으로 실려나가고 만 것이다. 엎친 데 덮친 격으로 조국 브라질이 조별예선에서 충격적인 탈락을 하게 되어 펠레의 마음은 더욱 무거울 수밖에 없었다.

다시 4년 뒤에 찾아온 1970멕시코월드컵. 펠레는 부상 때문에 그동안 보여주지 못했던 자신의 환상적인 기량을 확실하게 팬들에게 펼쳐 보인다. 자이르징요, 토스탕, 히벨리누, 카를로스 알베르투 등의 출중한 기량을 갖춘 선수들을 잘 이끌며 그는 조국 브라질에 줄리메컵을 영원히 안겼다. 결승전이 끝나고 영국 주간지 『선데이 타임즈』는 "펠레의 철자는 어떻게 되는가? 바로 G-O-D다"라는 헤드라인을 내보내 큰 화제를 불러 모았다.

펠레는 1970멕시코월드컵 우승을 끝으로 브라질대표팀 은퇴를 선언했다. 조국에 줄리메컵을 영원히 안겨주고 난 뒤 최고의 자리에서 후배들에게 길을 열어준 것이다. 이후 펠레는 프로무대에서 멋진 골을 펑펑 터뜨리며 신화로 남게 된다. 공식적인 기록은 아니지만, 그가 프로경기에서 터뜨린 골은 1,281골로 집계되어 있다. 또한 펠레는 30번이나 1경기에서 4골을 폭발시켰으며 92번의 해트트릭을 성공한 것으로 알려지고 있다. 정말 대단하다는 말이 입에서 끊이지를 않는다. 이후 펠레는 1974년 은퇴를 선언했다가, 1년 뒤 미국에서 잠시 선수생활을 한 다음 1977년 완전히 축구화를 벗었다.

그런데 역대 최고의 선수로 인정받고 있는 축구황제 펠레가 현재는 '엉터리 예언가'로 더 큰 화제를 모으고 있어 눈길을 끈다. 펠레는 1970멕시코월드컵을 끝으로 국가대표팀을 은퇴한 뒤 1974서독월드컵부터 여러 가지 예언을 했다. 그러나 그의 예언은 모두 다 절묘하게(?) 빗나가 사람들을 의아하게 만들었다. 약 30년 이상의 세월 동안 틀린 답만을 내놓아 '펠레의 저주'라는 신조어가 생겨나기도 했다(표 8 참조). 어쨌든 펠레는 이래저래 계속해서 유명세를 치르고 있다.

대 회	내 용
1974 서독 월드컵	*펠레의 예언: 전력이 수직상승한 아르헨티나가 결승에 진출할 것이다. *결과: 네덜란드에게 0-4로 대패하는 등 부진한 경기력을 보이며 2라운드에서 탈락!
1978 아르헨티나 월드컵	*펠레의 예언: 독일이 가장 강력하며, 페루의 도전이 만만치 않을 것이다. *결과: 2팀 모두 2라운드에서 탈락. 특히 페루는 2라운드 3경기에서 무득점 10실점을 기록하는 망신을 당함!

1982 스페인월드컵	*펠레의 예언: 브라질은 사상 최강이다. 적수가 될 팀은 전 대회 우승국 아르헨티나다. 개최국 스페인의 기세도 만만치 않을 것이다. *결과: 브라질, 아르헨티나, 스페인 모두 2라운드에서 탈락!
1986 멕시코월드컵	*펠레의 예언: 프랑스와 잉글랜드를 주목해 볼 필요가 있다. 이탈리아의 대회 2연패도 가능성이 높다. *결과: 프랑스 준결승에서 탈락, 잉글랜드 8강에서 탈락, 이탈리아 16강에서 탈락!
1990 이탈리아 월드컵	*펠레의 예언: 우루과이와 이탈리아가 결승에서 격돌할 확률이 높다. *결과: 우루과이-이탈리아 16강전에서 격돌. 우루과이 16강에서 탈락, 이탈리아도 준결승에서 탈락!
1994 미국월드컵	*펠레의 예언: 콜롬비아가 우승후보 1순위이며, 독일의 2연패 가능성도 매우 높다. 브라질은 자격이 없다. *결과: 콜롬비아 조별예선 탈락, 독일 8강전에서 탈락, 브라질 우승!
1998 프랑스월드컵	*펠레의 예언: 브라질의 대회 2연패 가능성이 어느 때보다 높고, 스페인도 유력하다. *결과: 브라질 결승전에서 프랑스에 0-3으로 완패. 스페인 조별예선 탈락!
2002 한일월드컵	*펠레의 예언: 프랑스는 월드컵의 승자가 될 것이다. 지네딘 지단은 개인적으로 세계의 넘버원이다. 포르투갈도 우승후보다. *결과: 프랑스, 포르투갈 모두 조별예선 탈락. 지단 대회 직전 부상!

표 9. 펠레의 저주

최강의 브라질 - 1970멕시코월드컵

'영원한 우승후보 1순위' 브라질의 역대 월드컵대표팀 가운데서도 최강으로 평가받는 팀은 바로 줄리메컵 영구보존을 확정지은 1970멕시코월드컵 때의 브라질대표팀이다. 당시 브라질대표팀은 그야말로 환상적인 호화진용을 자랑하며 완벽한 우승을 이뤄냈다. 특히 펠레를 중심축으로 좌측의 토스탕, 우측의 좌일지뉴, 그리고 왼쪽 윙에 히벨리누가 포진한 공격진은 타의 추종을 불허했다. 이 공격진을 보유한 자갈로 감독은 "3골을 먹으면 4골을 넣으면 된다"를 외치며 공격적인 4-3-3 전술로 브라질의 우승을 이끌었다.

최강의 브라질은 1970멕시코월드컵에서 3조에 속했다. 첫 경기에서 난적 체코슬로바키아를 4-1로 대파한 브라질은 잉글랜드(1-0승)와 루마니아(3-2승)를 꺾는 등 유럽세를 잇따라 격파하며 3전 전승으로 8강에 올랐다. 브라질의 다음 상대들은 같은 남미에 속해있는 팀들. 8강에서 페루를 만난 브라질은 화끈한 공격력을 과시하며 4-2로 승리를 거뒀고, 준결승전에서는 라이벌 우루과이를 3-1로 격파하며 대망의 결승 고지에 올라섰다.

브라질이 결승전에서 만난 상대는 '아주리군단' 이탈리아. 하지만 빗장수비 '카테나치오'도 브라질의 막강화력 앞에는 무용지물이 될 수밖에 없었다. 펠레, 게르손Gerson, 자일지뉴, 카를로스 알베르투의 연속골로 브라질의 4-1대승. 월드컵 최초의 3회 우승팀과 함께 역사상 최고의 팀이 탄생하는 순간이었니.

1970멕시코월드컵 때의 브라질대표팀은 최근 영국의 BBC방송 라디오 스포츠 프로그램인 '파이브 라이브Five live'가 실시한 설문조사에서 전 스포츠 종목을 통틀어 최고로 위대한 팀으로 선정됐다. 설문에 참가한 총 32명의 스포츠 전문가들이 미련 없이 1970멕시코월드컵 브라질대표팀에게 표를 던지며 다시 한 번 그 위대함을 입증한 것이다. 가장 화끈하고 공격적이면서도 결코 패배를 몰랐던 1970멕시코월드컵 때의 브라질. 줄리메컵을 영원히 품에 안게 된 이때의 브라질이야말로 축구역사에 길이 남을 '최고의 삼바군단'이었음에 틀림없다.

마테우스와 1990독일

미스터 독일 – '게르만의 혼' 로타르 마테우스

1980년도 중반부터 1990년도 초반까지 '전차군단' 독일의 전성기를 이끌었던 로타르 마테우스Lothar Matthaeus는 '게르만의 혼'으로 통한다. 사실 마테우스는 펠레, 마라도나, 요한 크루이프Johann Cruijf 등의 슈퍼스타들처럼 화려한 경기를 펼치는 스타일은 아니었다. 하지만 강력한 카리스마를 바탕으로 동료들을 잘 이끌어주는 '소리 없이 강한 선수'로 인정받으며 오랫동안 독일대표팀의 중심으로 활약했다. 특히 마테우스는 월드컵 무대에서 더욱 좋은 활약을 보였고, 독일의 통일시기 (1990)에 월드컵 우승의 주역이 되어 아직도 독일축구의 영웅으로 자리 잡고 있다.

마테우스는 1961년 3월 21일 독일의 에어랑엔에서 태어났다. 어릴 적부터 독일인 치고는 키가 매우 작았고(174cm), 덩치가 왜소(72kg)해 지금같이 대스타가 될 것이라고 기대하는 사람은 거의 없었다 한다. 마테우스는 만 9세 때 정식으로 축구를 시작했지만 별다른 신동의 자질을 보여주지 못하며 유년기에 큰 주목을 받지 못했다.

하지만 그에게는 꾸준함과 성실함이라는 최고의 무기가 있었다. 조금씩 성장하기 시작한 마테우스는 만 18세가 되던 1979년 독일의 명문클럽인 보루시아 묀헨글라드바흐에 입단하면서 프로무대에 뛰어들게 됐고, 지칠 줄 모르는 체력과 날카로운 중거리슛, 그리고 폭넓은 공간장악력과 플레이메이킹 능력을 인정받으며 1980년 처음으로 독일 국가대표팀 유니폼을 입는 영광을 안았다. 한마디로 마테우스는 비록 천재는 아니었지만 피나는 노력으로 스타의 반열에 올라선 것이다.

마테우스는 '월드컵의 사나이'라는 또 다른 별명을 가지고 있다. 그만큼 '지구촌 최대의 축제'라 불리는 월드컵과 남다른 인연을 가지고 있기 때문이다. 마테우

마테우스 (ⓒ 김성혜)

스가 참가한 첫 월드컵은 참가국이 16개국에서 24개국으로 늘어난 1982스페인월드컵이었다. 당시 만 21세였던 마테우스는 쟁쟁한 선배들에 밀리며 주전으로 활약하지는 못했으나, 교체멤버로 뛰면서 독일의 준우승에 적잖은 힘을 보탰다.

월드컵 첫 경험을 하고 4년이 지나 마테우스는 '전차군단' 독일의 중심축이 되어 1986멕시코월드컵에 참가했다. 더욱 성숙해진 마테우스는 공-수의 연결고리 역할을 잘 해내며 독일의 승승장구를 이끌었다. 특히 복병 모로코와의 16강전에서는 후반 42분 결승골을 터뜨리며 화려한 스포트라이트를 받기도 했다. 비록 결승에서 마라도나에게 무릎을 꿇으며 조국을 우승으로 이끌지 못했지만, 1986멕시코월드컵에서 나타난 마테우스의 출중한 기량과 강한 카리스마는 전 세계 축구팬들의 뇌리 속에 깊숙이 박혔다.

2번의 월드컵에서 연속 준우승을 차지한 마테우스. 당연히 월드컵 우승에 대한 목표가 생겼을 것이다. 그리고 4년 뒤 마테우스는 1990이탈리아월드컵에서 드디어 우승컵을 들어올리며 최고의 선수로 우뚝 서게 된다. 조별예선 첫 경기는 유고전이었는데, 만만치 않은 전력을 보유하고 있던 유고와의 대결에서 마테우스는 2골을 터뜨리며 팀의 4-1대승의 수훈갑이 됐다. 이후 마테우스는 그야말로 펄펄 날았다. 독일이 완성한 '압박축구'의 중심축에 서서 네덜란드, 체코, 잉글랜드 등의 강호들을 잇따라 격파하고 또 한 번 월드컵 결승에 진출했다. 결승전에서 만난 상대는 우연하게도 4년 전 결승전에서 자신에게 뼈아픈 패배를 안겨줬던 아르헨티나. 마테우스는 꾸준히 닦이고 조여지고 기름이 쳐진 전차군단을 이끌고 아르헨티나를 격파, 꿈에 그리던 우승의 기쁨을 맛보게 된다. 이때부터 사람들은 마테우스를 '전차군단의 중심' '게르만의 혼'이라고 부르기 시작했다.

조국인 독일과 함께한 3번의 월드컵에서 모두 결승에 올랐던 마테우스는 이후 2차례 월드컵에 더 참가하였지만 2번 모두 이변의 희생양이 되면서 체면을 구겼다. 1994미국월드컵에서는 8강전에서 이전 월드컵까지 단 1승도 거두지 못했던 불가리아에게 역전패했고, 1998프랑스월드컵에서는 8강전에서 처녀출전한 크로아티아에게 0-3으로 완패당하며 고개를 숙였던 것이다. 당시 마테우스는 독일의 지휘봉을 잡고 있던 베르티 포그츠Berti Vogts 감독, 간판골잡이로 활약했던 위르겐 클린스만Juergen Klinsmann과의 불화설까지 퍼져서 상당히 큰 마음고생을 했다는 후문이다.

미국월드컵과 프랑스월드컵에서 큰 아쉬움을 남겼지만, 어쨌든 마테우스는 축구역사에 길이 남을 대기록을 달성했으니, 바로 5회 연속 월드컵진출이라는 진기록을 수립한 것(마테우스 이외에 안토니오 카바할Antonio Carbajal이라는 멕시코 골키퍼가 1950브라질월드컵부터 1966잉글랜드월드컵까지 5회 연속으로 출전했다)이다. 마테우스의 정확한 월드컵 출전기록은 25경기에 2,048분으로 이는 2006년 5월 현재까지 세계 최고의 기록으로 남아있다.

월드컵 말고도 마테우스 하면 떠오르는 단어가 하나 더 있다. 바로 축구에서 자유인을 뜻하는 '리베로'. 마테우스는 리베로의 개념을 새롭게 축구에 도입한 주인공이다. 그는 기본적으로 수비수로 활약하면서도 간헐적으로 공격에도 가담하고 어떤 상황, 어떤 포지션에서도 경기의 키를 자신이 쥐고 운영하는 능력을 보이며 인상적인 활약을 남겼다. 1990이탈리아 월드컵 이후 체력이 저하된 마테우스가 포지션 변신에 성공하며 '리베로'라는 신개념의 축구용어를 남겼던 것이다. 대표적인 예로 잘 알려져 있다시피 대한민국에서는 '영원한 리베로' 홍명보가 마테우스의 리베로 개념을 잘 소화하며 한국대표팀의 버팀목 역할을 잘 해주었다. 21년 동안 독일대표팀으로 뛰었던 마테우스는 A매치를 무려 150경기나 치렀다. 더 놀라운 것은 마테우스가 뛴 경기에서 독일대표팀이 기록한 승패 기록. 마테우스가 뛴 경기에서 독일은 85승 34무 31패라는 놀라운 성적을 올렸다.

마테우스는 유로2000을 마지막으로 독일대표팀에서 완전히 은퇴했고, 2000년 미국 메이저리그사커(MLS)의 뉴욕-뉴저지 메트로스타스로 이적해 선수생활을 정리했다. 그리고 약 1년 뒤 그는 감독으로 우리 곁에 돌아왔다. 2001년 9월 오스트리아의 SK 라피드 빈의 지휘봉을 잡으며 지도자로서 첫발을 내딛은 것이었다. 이후 마테우스는 세르비아-몬테네그로의 피르티잔 베오그라드의 감독을 거쳐 2004년 1월에는 헝가리대표팀 감독을 맡아 큰 화제를 모았다. 그리고 그리스의 PAOK 살

로니카와 브라질의 아틀레티코 파라나엔세의 지휘봉을 잡은 다음, 현재 코치로의 흥미로운(?) 변신을 시도하고 있다.

장신군단 독일의 멤버들 사이에 끼여서 더 작아 보였지만, 기량과 리더십만큼은 최고를 자랑했던 '게르만의 혼' 마테우스. 그의 신화는 이제 그 2부를 향해서 진행되고 있다. 지도자 마테우스의 앞날이 어떻게 전개될지 큰 관심이 모아진다.

최강의 독일 - 1990이탈리아월드컵

과거 서독대표팀부터 현재 독일대표팀까지를 모두 통틀어 가장 강한 전력을 구축했던 '전차군단'을 꼽으라면 대부분의 사람들이 1990이탈리아월드컵에서 우승을 차지한 독일대표팀을 지목한다. 톱니바퀴 같은 조직력을 바탕으로 박진감 넘치는 경기를 펼치는 신형 전차군단에 많은 축구팬들이 엄지손가락을 치켜세웠다. 독일의 통산 3번째 월드컵 우승의 금자탑을 쌓았던 이때의 독일대표팀이 이룬 또 다른 업적은 바로 '압박축구'를 완성했다는 것이다. 예전과 달리 미드필더를 무려 5명이나 포진시키는 변형된 전술로 독일은 매 경기마다 중원을 확실하게 장악하며 화끈한 모습을 보였다. 마테우스를 중심축으로 토마스 해슬러Tomas Haessler, 피에르 리트바르스키Pierre Littbarski 등의 출중한 기량을 갖춘 미드필더들이 압박축구의 선봉에 섰다. 이때 완성된 독일의 압박축구는 세계축구의 흐름을 '공간싸움'으로 바꾸는 계기를 마련했다는 평가를 받고 있다.

1982스페인월드컵과 1986멕시코월드컵에서 연속 준우승을 차지한 독일은 1990이탈리아월드컵에서 D조에 속했다. 독일은 1차전에서 유고를 4-1로 완파한 데 이어, 2차전에서도 아랍에미리트(UAE)를 5-1로 대파하며 일찌감치 16강행을 확정지었다. 이후 독일은 유럽의 강팀들과의 맞대결에서 짜릿한 승리를 거두고 결승에 진출하게 된다. 16강전에서 네덜란드(2-1승), 8강전에서 체코(1-0승), 그리고 준결승전에서 잉글랜드(1-1, 승부차기 4-3승)를 잇따라 격파하며 월드컵 3회 연속 결승진출이라는 신기록을 세웠다. 결승전 상대는 4년 전 결승에서 뼈아픈 패배를 안겼던 아르헨티나. 독일은 압박축구라는 신무기를 앞세워 시종일관 아르헨티나를 밀어붙였고, 종료 5분 전 안드레아스 브레메Andreas Brehme의 결승 페널티킥 골을 앞세워 감격적인 우승을 차지하게 됐다.

당시의 전차군단은 마지막으로 '서독'이라는 이름을 걸고 월드컵에 나섰다. 그리고 1990년 6월 8일 통산 3번째 월드컵 우승을 차지했다. 이때의 우승이 더욱 의미가 깊었던 이유는 바로 독일의 통일에 대한 축제 분위기를 더욱 고조시켰기 때문. 월드컵 우승으로 독일 국민들은 더욱 단결됐고, 결국 월드컵 우승의 축제 분위기와 함께 독일은 그해 7월 1일 평화통일을 이룩했다. 1990이탈리아월드컵의 독일대표팀은 실력도 실력이지만, 여러 면에서 역사에 길이 남을 '최고의 전차군단'이다.

바조와 1990이탈리아

미스터 이탈리아 – '판타지 스타' 로베르토 바조

'아주리군단' 이탈리아는 '카테나치오'라는 별명을 얻을 정도로 전통적으로 매우 강한 수비망을 구축해왔기 때문에 자연스럽게 세계적인 수비수들을 많이 배출해냈다. 하지만 이탈리아가 수비만 강했다고 생각하면 큰 오산이다. 그동안 이탈리아가 다소 수비에 중점을 둔 축구를 구사해온 것이 사실이긴 하지만 공격력에서도 세계 최고수준을 자랑했기 때문이다. 강력한 수비망의 구축과 함께 항상 대형 골잡이들이 공격 선봉에 섰기 때문에 '아주리군단'이 월드컵 우등생으로 거듭날 수 있었다는 이야기다. 그렇다면 이탈리아 축구를 대표하는 대형

골잡이로는 누가 있을까? 여러 선수들이 머리를 스치는 가운데 특별하게 떠오르는 사나이가 하나 있다. 그 주인공은 바로 '판타지 스타' 로베르토 바조Roberto Baggio다.

바조는 1967년 2월 18일 이탈리아의 비첸자에서 태어났다. 어렸을 때부터 축구에 남다른 재능을 보였던 바조는 항상 축구만을 생각하며 축구신동으로 성장했다. 9살 때 정식으로 비첸자 지역의 유소년리그 선수로 데뷔한 바조는 매 경기 골을 잡아내는 등 동년배 선수들보다 훨씬 뛰어난 기량을 선보이며 프로무대 스카우트들의 눈을 사로잡았다. 그리고 만 15세가 된 1982년. 바조는 그의 고향팀인 세리에 C팀 비첸자에 스카우트되면서 처음으로 프로무대에 발을 딛게 됐다. 이후 바조는 출중한 기량을 뽐내면서 이탈리아 축구의 아이콘으로 발돋움했다. 16세 이하 이탈리아대표팀에서 좋은 활약을 펼치며 전국구 스타로 떠올랐고, 소속팀 비첸자를 세리에 B로 올려놓으면서 18세의 어린 나이에 '꿈의 무대' 세리에 A의 피오렌티나로 스카우트됐다. 그리고 이후 이탈리아 3대 명문클럽으로 불리는 유벤투스 투린, AC 밀란, 인테르 밀란에 모두 몸담으면서 프로통산 200골 이상을 기록해 '영원한 세리에 A맨'이라는 별명이 붙었다. 한마디로 바조는 이탈리아 1부 리그인 세리에 A의 전설이었던 것이다.

바조는 지난 1988년 네덜란드와의 친선 경기를 통해 '아주리군단' A대표팀에 합류했다. 그리고 3차례 월드컵에 참가하면서 전 세계적인 스타로 떠올랐다. 바조가 처음으로 활약했던 월드컵 무대는 바로 자국에서 펼쳐진 1990이탈리아월드컵. 바조는 대회 득점왕을 차지했던 살바토레 스킬라치Salvatore Schillaci의 뒤를 잘 받쳐주면서 이탈리아 공격의 첨병 역할을 톡톡히 해냈다. 그러나 아쉽게도 바조는 준결승전에서 아르헨티나의 벽에 막히며 월드컵 우승의 꿈을 다음으로 미루게 됐다.

로베르토 바조 (ⓒ 김성혜)

홈에서 열린 월드컵에서 아쉽게 미역국을 마신 바조는 1994미국월드컵에서 이탈리아의 중심이 되어 우승을 노렸다. 그러나 출발은 그야말로 지옥이었다. 이탈리아의 중심이었던 그는 조별예선(아일랜드, 노르웨이, 멕시코와 한 조)에서 단 1골도 넣지 못하면서 팬들에게 쓴 소리를 들었다. 그리고 나이지리아와의 16강전에서도 경기종료 직전까지 침묵을 지키며 고개를 숙이고 있었다.

그러나 그때부터 바조의 월드컵 신화는 시작됐다. 바조는 0-1로 뒤지던 후반 종반 천금같은 동점골을 뽑아냈고, 연장전에서 페널티킥 골을 성공하며 이탈리아를 극적으로 8강에 올려놓았다. 기세가 오른 바조는 스페인과의 8강전에서도 펄펄 날았다. 1-1로 맞서던 후반 막판 상대골키퍼 안도니 수비자레타Andoni Zubizareta를 제치고 사각에서 결승골을 만들어내며 축구팬들을 열광시켰다.

그리고 불가리아와의 4강전. 이번에도 바조는 혼자 2골을 터뜨리며 이탈리아의 결승진출에 결정적인 역할을 했다. 꿈에 그리던 월드컵 우승이 점점 더 현실로 다가오는 듯 했다. 지옥에서 천당으로 자리를 옮긴 바조. 하지만 너무나도 안타깝게도 바조는 다시 지옥 같은 경험을 하게 되고 만다. '삼바군단' 브라질과의 결승전에서 0-0으로 승부를 가리지 못하고 맞이한 승부차기. 바조는 이탈리아의 마지막 승부차기 키커로 나섰다. 그러나 크로스바를 훌쩍 넘겨버리는 황당한 실축. 이탈리아는 결국 브라질에 2-3(승부차기)으로 패했고, 바조는 하루 아침에 영웅에서 역적으로 몰리고 만다. 사실 그 당시 이탈리아는 승부차기에서 후축이었다. 바조가 승부차기를 하기 전에 이미 이탈리아는 2-3으로 뒤지며 패색이 짙었던 분위기였던 것이다. 따라서 바조가 승부차기를 성공해도, 브라질의 마지막 키커가 성공하면 브라질이 승리하는 상황이었다. 물론 바조가 어이없는 실축을 했지만, 이러한 사실(바조가 성공을 해도 브라질의 승리 확률이 매우 높았던 상황)은 가려진 채 패배의 무거운 짐이 바조에게 상당부분 떠넘겨진 경향이 많다.

그러나 승부차기 악몽에 빠져든 바조는 그대로 물러서지 않았다. 수많은 비난을 받았지만 그는 다시 이주리군단의 유니폼을 입고 자신의 세 번째 월드컵인 1998프랑스월드컵에 참가해 화려하게 부활했다. 바조는 노련한 플레이로 이탈리아를 이끌며 화려한 재조명을 받았다. 조별예선 1차전이었던 칠레전(2-2무승부)에서 종료 5분을 남기고 페널티킥으로 동점골을 만들어내며 이탈리아를 위기에서 구해냈다. 예선 3차전이었던 오스트리아전(2-1승)에서도 쐐기골을 기록하며 이탈리아를 조1위로 16강에 올려놓았다.

그러나 바조의 월드컵 우승의 꿈은 끝내 이뤄지지 않았다. 이탈리아가 프랑스와의 8강전에서 승부차기 끝에 아쉽게 패한 것. 바조는 매우 부담스러웠던 승부차기를 침착하게 성공하며 승리를 위해 최선을 다했지만, 결국 승리의 여신은 그의 손을 들어주지 않았다.

바조는 2002한일월드컵을 앞두고 이탈리아 팬들로부터 강력한 러브콜을 받았다. 다시 한 번 월드컵에 출전해 이탈리아를 꼭 우승으로 이끌어 달라는 요청을 받았던 것이다. 하지만 바조는 젊은 공격수들에게 기회를 양보하며 월드컵 우승의 꿈을 스스로 접었고, 지난 2004년 5월 17일 브레시아 소속으로 자신의 전성기를 보냈던 AC 밀란과 경기를 펼치며 현역으로부터의 은퇴를 선언했다. 최근 들어 바조의 감독 데뷔에 대한 이야기들이 솔솔 나오고 있다. 세리에 A 유수의 팀들과 일본대표팀에서 구애의 손짓이 있었던 것으로 알려지고 있기 때문이다. 아마도 조만간 바조가 감독이 되어 선수들을 지휘하는 모습을 볼 수 있을 듯하다.

사람들은 흔히들 바조를 '불운의 사나이' 혹은 '비운의 사나이'라고 부른다. 하지만 바조만큼 축구팬들에게 널리 인정받았던 선수도 드물다. 왜냐하면 바조는 실력과 성실함, 인품 등 모든 부분이 빼어났기 때문이다. '말총머리'를 휘날리며 멋진 골을 터뜨리고 크게 환호하던 꽃미남 스타 바조 그는 '불운의 사나이'가 아니라 '진정한 축구스타'로 축구팬들의 마음속에 영원히 남을 것이다.

최강의 이탈리아 - 1990이탈리아월드컵

이탈리아는 지금까지 월드컵에서 3번의 우승을 차지했다. 자국에서 열렸던 1934이탈리아월드컵과 1938프랑스월드컵을 연속제패하며 월드컵 초기에 최고의 축구강국으로 군림했고, 1982스페인월드컵에서 무려 44년 만에 다시 정상에 올라서며 통산 3회 우승의 대업을 달성했다. 현재까지 독일과 함께 월드컵 우승횟수 부문에서 공동 2위를 차지하고 있으며, 5회 우승을 기록한 '삼바군단' 브라질을 맹추격 중이다. 그렇다면 역대 최강의 '아주리군단'은 어느 월드컵의 팀일까?

개인적으로 생각하는 최강의 이탈리아는 월드컵 우승을 경험한 팀이 아닌 의외의(?) 아주리군단, 바로 1990이탈리아월드컵 때의 이탈리아 대표팀이다. 이때 이탈리아는 자국에서 열렸던 월드컵에 참가, 조별예선부터 8강전까지 무실점을 기록하며 승승장구했으나 아르헨디나의 벽을 넘지 못하고 우승의 꿈을 접었디. 이탈리아는 이르헨티니외의 준결승전에서도 후반 22분까지 실점을 하지 않으며 월드컵 본선 517분 무실점 행진이라는 대기록을 이어갔다. 1-0으로 앞서고 있는 상황이라 ‘무실점 우승’이라는 꿈의 기록이 점점 더 현실로 다가오고 있었다. 그러나 단 한순간에 이탈리아의 꿈은 날아가고 말았다. ‘바람의 아들’이라 불리던 아르헨티나의 카니자가 불의의 백헤딩골을 이탈리아 골문에 꽂아 넣은 것이다. 이후 이탈리아는 허탈함을 느끼며 승부차기까지 끌려갔고, ‘승부차기 제왕’ 아르헨티나에게 무릎을 꿇고 말았다. 결국 자국에서 열린 월드컵에서 3위. 성적만 놓고 본다면, 이때의 이탈리아를 역대 최강의 팀으로 말하기는 어려울 듯하다.

하지만 경기력만을 따져본다면 이야기가 달라진다. 보통 축구에서 한 팀을 평가할 때 기준으로 삼는 것은 ‘3S’이다. ‘3S’는 ‘스피드speed’ ‘스태미너stamina’ 그리고 ‘시스템system’이니, 팀 전체의 공수의 속도감, 체력, 그리고 전체적인 전술이 잘 조화되어 있는가로 강팀임을 판단하는 것이다. 그것에 한 가지 더, 1990년대를 기점으로 해서 하나의 ‘S’가 더 생겨났으니 그것이 바로 ‘스페이스space’다. 종전과는 다르게 공간을 잘 장악할 줄 아는 팀이 승리에 더 가깝게 다가갈 수 있게 됐다는 뜻이다. 결론적으로 ‘4S’가 잘 갖춰진 팀이야말로 강팀으로 인정받을 수 있다는 말이다.

이런 측면에서 볼 때 1990이탈리아월드컵 때의 이탈리아는 ‘4S’를 모두 잘 갖춘 ‘완성된 팀’이라고 할 수 있다. 선수들 개개인과 팀 전체의 스피드가 매우 빨랐고, 체력 또한 최상급이었다. 그리고 수비-미드필드-공격의 밸런스가 돋보이는 시스템을 갖추고 있었고, ‘공간싸움’에서도 다른 팀들을 압도하는

모습을 보였다. 비록 월드컵 우승을 차지하지 못했지만, 경기
력만 놓고 본다면 최강이라고 말해도 전혀 모자람이 없었다.
1990이탈리아월드컵 때의 아주리군단. 아쉽게 자국에서 펼쳐
진 월드컵에서 우승의 꿈을 이루지 못했지만, '역대 최강의 이
탈리아'로 봐도 전혀 손색이 없을 정도의 완벽한 팀이었다.

마라도나와 1986아르헨티나

미스터 아르헨티나 – '축구신동' 디에고 마라도나

축구역사상 가장 화려한 기술을 자랑했던 선수. 수비수들에게 가장 위협적인 선수. 팀에서 가장 큰 비중을 차지한 선수. 바로 아르헨티나의 '축구신동' 마라도나를 지칭하는 말이다. 축구계에 큰 획을 그었던 많은 축구스타들 가운데서도 개인기량만을 따져본다면 마라도나가 최강이었다고 말하는 사람들이 많다. 축구 내적인 부분만을 비교해봤을 때, 마라도나는 그야말로 '축구의 신'이었다는 뜻이다.

축구에서 보통 선수들의 개인기량을 평가할 때 기준으로 삼는 것이 '3B'다. '볼 컨트롤Ball control' '보디 밸런스Body balance' '브레인Brain'이 바로 그것이다. 이에 근거해 역사상 최고의 선수들을 꼽을 때 절대로 빠지지 않는 인물이 바로 마라도나다. 마라도나는 탁구공도 자유자재로 다룰 만큼 완벽하게 볼을 컨트롤할 수 있었고, 어떤 자세에서도 중심을 잃지 않는 보디 밸런스를 갖췄으며, 적재적소에 자신의 능력을 경기에 잘 녹여 팀을 승리로 이끄는 브레인까지 보유하고 있었다. 게다가 강력한 카리스마를 바탕으로 한 리더십까지, 축구와 관련된 부분만 놓고 본다면 전성기의 마라도나를 따라올 선수는 아무도 없다는 것이 중론이다.

마라도나는 1960년 10월 30일 아르헨티나의 수도 부에노스 아이레스 외곽지역에서 태어났다. 어릴 때부터 환상적인 기량을 뽐내며 주목을 받았던 마라도나는 '축구신동'이라는 소리를 들으며 아르헨티나 최고의 유망주로 거듭났다. 아르헨티노스 주니어스 청소년팀에 속해 있었을 때, 마라도나는 팀을 136경기 연속 무패로 이끌어 주위를 깜짝 놀라게 했다. 그리고 만 15세던 1976년 마라도나는 아르헨티노스 주니어스 성인팀에 합류하며 프로에 정식으로 데뷔하게 됐다.

아르헨티나 내에서 센세이션을 일으켰던 마라도나는 얼마 지나지 않아 아르헨티나의 국가대표 유니

디에고 마라도나
(ⓒ 김성혜)

폼을 입고 전 세계 축구팬들의 머릿속에 그의 존재를 확실하게 각인시켰다. 그는 1979년 일본에서 열린 세계청소년대회에서 아르헨티나의 우승을 이끌며 주목받기 시작했고, 축구팬들은 170cm도 채 되지 않는 작은 선수가 보여주는 축구묘기에 큰 찬사를 보냈다.

하지만 마라도나의 월드컵 데뷔는 기대만큼 화려하지 못했다. 만 21세에 참가한 1982스페인월드컵에서 그는 상대팀들의 집중견제를 받으며 다소 부진한 모습을 보였고, 2라운드 브라질전에서는 폭력을 휘두르며 퇴장을 당해 큰 아쉬움을 남겼다. 결국 디펜딩챔피언이었던 아르헨티나는 2라운드에서 탈락의 고배를 들었고, 마라도나는 고개를 들 수가 없었다.

최고의 무대인 월드컵에서 쓴맛을 본 마라도나는 4년 동안 절치부심한 끝에 1986멕시코월드컵을 맞이하게 된다. 그리고 마라도나는 환상적인 개인기와 플레이메이킹 능력, 거기에다 직접 골을 넣는 해결사 능력까지 보여주며 그가 왜 ‘축구신동’이라고 불리는지를 축구팬들에게 확실하게 증명했다. 마라도나는 타의 추종을 불허할 만큼 환상적인 기량을 선보이며 아르헨티나를 우승으로 이끌며 최고의 선수로 올라서게 된다. 특히 잉글랜드와의 8강전에서 그가 보여준 ‘신의 손’ 사건과 수비수 6명을 제치고 기록한 결승골 장면은 아직도 월드컵 최고의 명장면으로 남아있을 정도다.

4년 뒤 열린 1990이탈리아월드컵에서 마라도나는 아르헨티나를 이끌고 월드컵 2연패에 도전하게 된다. 그러나 월드컵이 예상처럼 호락호락한 곳은 아니었다. 개막전에서는 안중에도 없던 카메룬에게 패하고, 동구의 강호 루마니와의 대결도 진땀승부 끝에 무승부로 마친 아르헨티나는 조3위에게 주어지는 와일드카드를 손에 들고 가까스로 16강에 진출하게 됐다. 당시 많은 사람들은 "마라도나의 시대는 갔다"고 이야기했다.

그러나 마라도나의 진정한 천재성이 발휘된 것은 위기의 순간이었던 이때부터였다. 마라도나는 강한 승부욕과 해결사 능력을 선보이며 아르헨티나를 결승까지 이끌었다. 브라질(16강전), 유고(8강전), 이탈리아(준결승전)전에서 모두 패배의 위기를 맞았으나, 마라도나의 아르헨티나는 고비 때마다 집중력을 발휘하며 2회 연속으로 월드컵 결승무대를 밟게 됐다.

하지만 여기까지가 한계였다. 천하의 마라도나도 조직력을 앞세운 '전차군단' 독일의 압박축구를 당해내지 못하고 결국 우승의 꿈을 접고 말았다. 이후 마라도나는 1990이탈리아월드컵을 마치고 '축구신동'에서 마약중독자로 전락하고 만다. 마약에 손을 대면서 축구인생 최대의 위기를 맞이한 것이다. 그리고 마라도나의 축구인생은 그대로 끝나는 듯했다.

1994미국월드컵을 앞두고 마라도나는 마지막 도전을 시도하게 된다. 다시 한 번 월드컵에 출전하기로 결심한 것. 마약을 끊고, 불어난 체중을 획 줄인 그는 조국의 3번째 월드컵 우승을 위해 아르헨티나대표팀에 복귀하게 된다. 하지만 마라도나는 조별예선 도중 금지약물 양성반응을 보이며 출전정지를 받아 팬들을 실망시켰고, 결국 마라도나 없는 아르헨티나는 16강전에서 루마니아에게 패하며 우승의 꿈을 접고 말았다. 결국 마라도나는 '악동' 이미지만 높인 채 쓸쓸히 아르헨티나 대표팀에서 물러났다. 이후 마라도나는 1994년 감독으로 변신해 두 팀을 이끌었으나 좋지 않은 성적만을 남긴 채 사임했고, 1995년 친정팀인 보카 주니어스로 복귀해 선수생활을 재개했으나 1997년 다시 약물검사에서 양성반응을 보이며 완전히 은퇴를 선언했다.

스포츠계에는 '실력 있는 악동'들이 꽤 많다. 실력은 출중하지만 스스로를 다스리지 못해 비판의 도마에 오르내리는 선수들이 적지 않다는 뜻이다. 이 대표적인 케이스가 바로 마라도나다. '축구신동'으로 각광을 받았지만, 여러 가지 사고를 치면서 결국 '축구황제'로 인정받지 못하고 있으니 말이다. 만약 마라도나가 깨끗한 매너까지 갖췄다면 더 좋았겠지만, 아무튼 마라도나가 현역시절 보여줬던 기량은 아무리 칭찬해도 지나치지 않을 정도로 화려하고 완벽했다.

최강의 아르헨티나 - 1986멕시코월드컵

흔히들 1986멕시코월드컵을 '마라도나의, 마라도나에 의한, 마라도나를 위한' 대회였다고 말한다. 그만큼 마라도나의 활약상이 매우 빛났기 때문이다. 하지만 이때의 아르헨티나를 '마라도나의 원맨팀'이라고 생각하는 것은 큰 오산이다. 물론 마라도나가 팀의 핵심이었다는 점은 누구도 부인할 수 없는 사실이다. 그러나 마라도나를 뒷받침하는 훌륭한 조연들이 없었다면 아르헨티나의 통산 2번째 우승은 힘들었을지도 모른다. 어쨌든 차원이 다른 기량을 보유한 마라도나를 중심으로 다른 선수들이 잘 뭉치며 탄탄한 조직력을 갖췄던 1986멕시코월드컵 때의 아르헨티나를 역대 최강의 전력으로 꼽는 것에는 큰 무리가 없을 듯하다.

1982스페인월드컵에서 2라운드 탈락이라는 부진한 성적을 남겼던 아르헨티나는 1986멕시코월드컵에서 A조에 속했다. 조별예선에서 만날 상대들은 한국, 이탈리아, 불가리아. 아르헨티나로서는 디펜딩챔피언 이탈리아가 만만치 않은 상대였지만, 불가리아와 한국은 이전 월드컵까지 단 1승도 거두지 못했던 약체들이라 무난한 조편성을 받은 셈이었다. 예상대로 2승 1무 조 1위로 16강 진출. 그리고 아르헨티나는 16강 토너먼트부터 더욱 힘을 발휘한다. 16강전에서 난적 우루과이를 1-0으로 꺾은 뒤, 8강전에서 포클랜드 전쟁으로 앙금이 남아있던 잉글랜드를 2-1로 격파하며 준결승에 올랐다. 그리고 준결승전에서 돌풍의 주역이었던 벨기에를 2-0으로 완파하고 결승에 오르게 된다. 결승상대로 독일을 만난 아르헨티나는 화끈한 공격축구로 독일을 몰아붙이며 2골을 먼저 터뜨렸다. 하지만 '전차군단' 독일이 그냥 불러설 팀이 아니지 않는가. 독일이 끈끈한 조직력을 바탕으로 2골을 만회하면서 경기는 2-2 동점 상황이 되었다. 이때 해결사로 나선 것은 마라도나였다.

경기 종료 7분 전. 마라도나의 환상적인 킬러패스가 독일 문전으로 파고들었고, 이를 호르헤 부루차가Jose Burruchaga가 공간을 침투하며 슛으로 연결해 결승골을 작렬했다. 아르헨티나가 8년 만에 다시 월드컵 우승컵을 탈환하는 순간이었다.

1986멕시코월드컵 이후에도 아르헨티나는 월드컵에 계속 참가하며 강력한 우승후보로 각광을 받고 있다. 하지만 우승의 기쁨은 더 이상 맛보지 못하고 있는 상황. 호화군단이라는 별칭을 얻을 정도로 아르헨티나에는 스타선수들이 많았지만 번번이 경쟁 상대들에게 밀리며 아쉬움을 곱씹었다. 2002한일월드컵에서는 조별예선 탈락이라는 치욕적인 성적을 남기기도 했다. 이런 아르헨티나를 보고 사람들은 "구슬이 서 말이라도 꿰어야 보배지"라고 말한다. 마라도나같은 강력한 카리스마를 소유한 리더가 없다는 것, 그리고 팀의 전체적인 조직력이 모자라다는 뜻이니, 이는 다시 말해 1986멕시코월드컵을 제패했던 아르헨티나를 본받을 필요가 있다는 이야기다. 마라도나가 이끌었던 끈끈한 조직력의 1986멕시코월드컵 때의 아르헨티나. 화려하면서도 내실이 있는 역대 최강의 팀이라 할 수 있다.

찰튼과 2006잉글랜드

미스터 잉글랜드 – '그라운드의 노동자' 보비 찰튼

'축구종가' 잉글랜드에 신이 선택했던 선수가 1명 있다. 바로 잉글랜드 역대 최고의 선수로 각광받고 있는 보비 찰튼 Bobby Charlton이 그 주인공이다. 그는 불의의 비행기 사고로 동료들이 죽음을 맞이한 가운데서도 운 좋게 살아남아 잉글랜드를 월드컵 우승으로 이끈 축구영웅이다.

찰튼의 대표적인 별명으로는 2가지가 있다. 먼저 '그라운드의 노동자'. 지칠 줄 모르는 체력과 빠른 스피드, 날카로운 돌파력과 패싱력 및 넓은 활동폭과 강력한 슈팅력까지, 찰튼은 거의 모든 부분에서 수준급 능력을 보유하고 있었다. 그리고 이런 출중한 기량을 바탕으로 항상 팀에 큰 힘을 불어넣는 선수였기 때문에 붙여진 별명이 바로 '그라운드의 노동자'다. 찰튼이 얻은 또 하나의 별명은 바로 '그라운드의 신사'. 선수 생활을 하는 동안 경고나 퇴장을 단 한 번도 받지 않을 정도로 깔끔한 매너를 소유한 선수가 바로 찰튼이었기 때문이다. 한마디로 찰튼은 출중한 실력과 깨끗한 매너를 동시에 갖춘 진정한 스타였던 것이다.

찰튼은 1937년 10월 11일 잉글랜드 북동부의 탄광촌인 애싱턴에서 처음으로 세상의 빛을 봤다. 유소년 시절부터 남다른 소질을 보였던 찰튼은 당시 맨체스터 유나이티드의 감독이었던 매트 버스비Matt Busby의 눈에 띄면서 만 15세의 나이에 맨체스터 유나이티드의 유스팀에 입단하게 된다. 그리고 3년 뒤. 꾸준히 기량을 갈고 닦아오던 1956년 찰튼은 맨체스터 유나이티드의 성인팀에 합류하며 유명세를 치르기 시작했고, 신예 찰튼은 놀라운 기량을 발휘하며 서서히 맨체스터 유나이티드의 중심으로 자리 잡기 시작했다.

그러나 잘나가던 찰튼은 1958년 끔찍한 일을 겪으며 충격에 빠져들게 된다. 바로 소속팀 맨체스터 유나이티드가 레드스타 베오그라드(세르비아-몬테네그로)와의 원정경기를 마치고 영국으로 돌아오던 도중 비행기 사고를 겪게 된 것. 중간 기착지였던 뮌헨공항에서 이륙을 하다 비행기가 두 동강이 나면서 수십 명의 사상자가 발생했다. 무려 동료선수 8명이 사망한 것을 비롯해 총 19명의 목숨을 앗아간 이 '뮌헨참사'에서 찰튼은 다행히 목숨을 건졌지만, 동료들의 죽음에 찰튼을 비롯해 맨체스터 유나이티드 구단 전체가 충격에 빠져 우려의 목소리가 매우 컸다. 하지만 주위의 걱정과는 달리 뮌헨참사는 찰튼을 더욱 강하게 만든 계기가 되었다. 신이 선택한 찰튼은 항상 감사하는 마음으로 경기에 임했고, 맨체스터 유나이티드의 상승세를 이끌며 잉글랜드 최고의 선수로 우뚝 서게 된다.

찰튼은 만 20세였던 1958년 잉글랜드 국가대표팀 유니폼을 처음으로 입었다. 그리고 1958스웨덴월드컵에 잉글랜드 대표로 참가했다. 하지만 찰튼은 경험부족과 뮌헨참사의 후유증에 대한 우려 속에 스웨덴월드컵에서 단 1초도 그라운드에 서지 못했고, 결국 잉글랜드의 조별예선 탈락을 아쉽게 벤치에서 지켜봐야만 했다. 4년 뒤 칠레에서 펼쳐진 월드컵에서 찰튼은 드디어 꿈에 그리던 월드컵 본선무대를 밟게 됐다. 그리고 조별예선 아르헨티나전에서 결승골을 기록하는 등 자신의 기량을 맘껏 뽐내며 팀의 8강 진출에 결정적인 역할을 해냈다. 하지만 잉글랜드는 8강전에서 '삼바군단' 브라질의 벽을 넘지 못하고 탈락, 찰튼은 아쉬움을 안고 귀국길에 올라야 했다.

1966잉글랜드월드컵. 2번의 월드컵에서 아쉬움을 남겼던 찰튼은 자국에서 펼쳐진 월드컵에서 잉글랜드의 우승을 이끌며 월느스타로 발돋움하게 된다. 찰튼은 조별예선 2차전 메시코와의 경기에서 선제 결승골을 터뜨리며 잉글랜드의 8강 진출에 큰 몫을 담당했다. 이어 우승에 큰 고비가 됐던 포르투갈

보비 찰튼
(ⓒ 김성혜)

과의 준결승전에서는 혼자 2골을 터뜨리며 2-1승리의 주역이 됐다. 찰튼의 맹활약에 힘입어 잉글랜드가 사상 최초로 월드컵 결승에 오르면서 첫 우승의 기회를 잡게 된 것이다. 결승전에서 찰튼이 만난 상대는 독일의 전설적인 영웅 베켄바우어. 찰튼은 비록 골을 성공하지는 못했지만, 마크맨인 베켄바우어와 접전을 펼치며 잉글랜드의 4-2승리에 큰 힘을 보탰다. 경기가 끝난 후 베켄바우어는 "찰튼이 나보다 더 뛰어났기에 잉글랜드가 독일을 누를 수 있었다"며 찰튼의 기량에 찬사를 보냈다. 감격적인 월드컵 첫 우승을 기록한 잉글랜드는 '신이 선택한 사나이' 찰튼을 국민적인 영웅으로 받들게 됐다.

찰튼은 1970멕시코월드컵에 출전하면서 개인적으로 4회 연속 월드컵 출전이라는 대기록을 세웠다. 하지만 아쉽게도 또 한 번의 우승의 꿈을 이루지는 못했다. 4년 전 결승전에서 맞붙었던 독일과의 8강전. 찰튼은 여전히 빼어난 기량을 선보이며 팀을 이끌었다. 종료 20분전까지 2-1로 리드하고 있던 잉글랜드의 감독 알프 람세이Alf Ramsey는 준결승전을 대비해 찰튼을 교체 아웃시키며 체력을 비축시켰다. 하지만 필드의 지휘자를 잃은 잉글랜드는 몹시 흔들렸고, 결국 우베 젤러Uwe

Seeler와 뮐러에게 연속골을 내주며 탈락의 고배를 들었다. 결국 이날의 경기를 끝으로 찰튼은 대표팀에서 은퇴하게 됐고, 1974년 프레스턴 노스 엔드 팀에서 프로선수 생활을 완전히 접었다. 찰튼이 기록한 A매치 기록은 106회 출전에 49골. 이 기록은 아직도 잉글랜드의 A매치 개인통산 최다득점 기록으로 남아있다.

찰튼은 현역에서 은퇴한 뒤 친정팀인 맨체스터 유나이티드로 돌아와 간부직을 맡으며 팀 발전에 큰 도움을 줬다. 현재 '맨체스터 유나이티드 대부'라고 불리며 팬들의 많은 사랑을 받고 있다. 또한 찰튼은 국제축구연맹(FIFA) 위원으로 활동하는 등 영국의 대표적인 '축구외교관'으로서 맹활약하고 있다. 선수 시절 소리 없이 강했던 모습처럼 현재에도 화려하지는 않지만 세계 축구발전에 큰 이바지를 하고 있는 것이다. 현재 '보비 경'(Sir)이라는 애칭으로 더욱 많이 알려진 보비 찰튼. '신이 선택한 사나이' 찰튼을 '축구종가' 잉글랜드가 낳은 최고스타로 꼽는 데 이의를 제기할 사람은 거의 없을 것이다.

최강의 잉글랜드 – 2006독일월드컵

잉글랜드는 그동안 월드컵에서 기대만큼 좋은 성적을 거두지 못했던 것이 사실이다. 1966년 자국에서 펼쳐진 월드컵을 제외하고는 자신 있게 내세울 만한 성적표가 눈에 띄지 않는다. 1966잉글랜드월드컵 우승을 제외하면 가장 좋은 성적이

1990이탈리아월드컵에서 기록한 4위에 불과할 정도이니, 최강을 자부했던 축구종가의 자존심을 생각하면 분명히 만족스럽지 못한 성적임에 틀림없다. 때문에 잉글랜드대표팀은 주위로부터 항상 '2%가 부족하다'는 평가를 받아왔다.

하지만 최근 잉글랜드대표팀에 대한 평가는 예전과 확실히 많이 달라졌다. "이제는 월드컵에서 다시 우승할 때가 되었다"라고 말하는 전문가들이 부쩍 늘었다. 공격-미드필드-수비 모든 부분에서 별다른 약점이 보이지 않는다. 포지션마다 2~3명씩 세계적인 기량을 갖춘 선수들이 버티고 있고, 에릭손 감독의 지휘 아래 조직력 또한 눈에 띄게 좋아졌다. 또한 노장 선수들과 신예선수들이 절묘하게 조화되며 팀의 전체적인 전력이 계속해서 상승곡선을 긋고 있다. '킥 앤드 러시'만을 고집하던 과거의 모습에서 완전히 탈피하며 축구종가다운 모습을 확실하게 보여주고 있는 것이다.

더욱 고무적인 것은 잉글랜드의 유망주들이 계속해서 대형 스타로 발돋움하고 있다는 것. 몇 년 전까지만 해도 신예였던 마이클 오웬Michael Owen, 스티븐 제라드Steven Gerrard 등이 이미 월드클래스 선수로 거듭나 잉글랜드를 이끌고 있다. 최근에는 웨인 루니Wayne Rooney가 이들의 바통을 이어받아 잉글랜드 축구의 새로운 스타로 발돋움했다. 이 밖에도 숀 라이트-필립스 Sean Wright-Phillips, 아론 레논Aaron Lennon, 웨인 루틀리지Wayne Routledge 등 앞으로 세계축구를 주름잡을 차세대 스타들이 계속해서 등장하고 있다. 밝은 미래를 바라보며 더욱 강해지고

있는 2006 독일월드컵의 잉글랜드대표팀은 역대 최강의 잉글
랜드대표팀이라고 해도 전혀 무리가 없다. 아울러 오늘보다
내일이 더 밝은 잉글랜드대표팀이 앞으로의 월드컵에서 어떤
성과를 낼지 기대가 모아진다.

월드컵 스타들에 얽힌 에피소드

세계적으로 큰 사랑을 받는 슈퍼스타들에게도 감추고 싶은 비밀이 있기 마련이다. 또한 더 빛날 수 있었는데도 묻혀버린 이야기들도 많다. 앞서 언급한 월드컵 빅5의 전설적인 스타들도 예외는 아니다. 전설적인 월드컵 스타들의 흥미로운 뒷이야기를 1가지씩 소개하면서 글을 마칠까 한다.

펠레가 전쟁을 중단시켰다!

선수 시절 펠레의 영향력은 말로 표현할 수 없을 정도로 대단했다. 그의 환상적인 기량에 조국인 브라질뿐만 아니라 전 세계 모든 팬들이 경외감을 표시했다.

이와 관련된 재미난 에피소드 하나. 축구황제 펠레의 등장으로 전쟁이 잠시 중단되는 엄청난(?) 일이 있었다. 1970년 나이지리아는 내전 중이었다. 정부파와 반정부파가 날카로운 대립각을 세우며 전쟁이 한창 진행되고 있었던 것이다. 그런데 펠레가 자신의 소속팀이었던 산토스를 이끌고 친선경기를 계획하자, 나이지리아 정부군과 반정부군은 휴전을 협약했다. 펠레가 안전하게 친선경기를 펼칠 수 있도록 3일 동안 전쟁중단을 선언했던 것. 그리고 펠레는 나이지리아 땅을 밟아 멋진 경기를 펼쳐 당시까지 축구를 전혀 몰랐던 나이지리아 팬들을 열광시켰다. 그러나 펠레가 축구의 감동을 주고 떠난 지 얼마 되지 않아, 나이지리아에는 다시 전쟁분위기가 형성돼 큰 아쉬움을 남겼다.

마테우스, 한국이 낯설지 않다!

마테우스는 한 번은 선수로, 한 번은 조추첨자로서 한국축구와 남다른 인연을 맺었다. 1994미국월드컵에서 마테우스는 선수로 참가해 한국과의 조별예선 최종전에 나섰다. 경기 결과는 3-2 독일의 승리.

하지만 마테우스는 독일의 승리에도 불구하고 한국 축구의 매운 맛에 식은땀을 흘려야했다. 독일이 전반 소나기골을 터뜨리며 확실한 리드를 잡았으나, 후반 한국의 무서운 반격에 위기를 맞이했기 때문이다. 마테우스는 홍명보의 두 번째 추격골(후반 18분)이 터진 후 곧바로 교체아웃돼 벤치에서 경기를 초조하게 지켜봤다.

그리고 11년이 훌쩍 지난 2005년 12월, 마테우스는 2006 독일월드컵 조추첨에서 한국의 운명을 결정했다. 마테우스는 한국이 속해있는 4그룹 7개팀의 추첨을 맡았고, 한국을 G조에 포함시키며 '프랑스-스위스-토고'와 한 조를 이루게 했다. 마테우스가 한국에게 '행운의 조'를 안겨줬다는 평이 대부분. 흥미로운 것은 마테우스가 조추첨 조작설에 휘말렸다는 사실이다. 상대적으로 불리한 조에 편성된 이탈리아(체코, 가나, 미국과 같은 조)가 강력하게 의혹을 제기했다. 그러나 이 조추첨 조작설은 마테우스의 결백 주장과 더불어 곧바로 사라졌다.

'말총머리' 바조, 인간성도 최고!

바조의 선수시절 트레이드 마크는 바로 '말총머리'였다. 말총머리를 휘날리며 그라운드를 내달리는 바조의 모습에 적잖은 여성팬들이 환호성을 내질렀다.

그런데 1996년 바조가 AC 밀란의 유니폼을 입고 월드컵 개최기원 행사차 한국을 찾았을 때, 그의 말총머리가 약간의 수난을 당했다. 바로 극성팬들이 바조의 허락도 없이(?) 말총머리를 몰래 잡아당겼던 것. 바조로서는 상당히 불쾌한 기분이 들었을 법하다. 하지만 바조는 화를 내기는커녕 흐뭇한 미소를 지어 한국팬들을 깜짝 놀라게 했다. 실력뿐만 아니라 높은 인품까지 겸비한 모습을 보여줬던 것. 이런 바조의 모습은 큰 화제를 불러 모았고, 더 많은 한국팬들이 바조를 사랑하는 계기가 되었다.

마라도나의 키? 며느리도 몰라!

마라도나는 키가 매우 작은 것으로 알려지고 있다. 하지만 마라도나의 정확한 키는 알려지지 않고 있다. 160cm부터 170cm까지 프로필마다 제각각이다. 가장 설득력을 얻는 수치가 164cm. 하지만 마라도나의 상체가 매우 발달되어 있기 때문인지 "더 작아 보인다"고 말하는 팬들이 매우 많다. 참고로 마라도나의 선수시절 가슴둘레는 무려 109cm였다.

마라도나의 비밀(?)은 키에만 있는 것이 아니다. 고무줄처럼 늘었다가 줄어들기를 반복하는 몸무게도 끊임없는 화제의 대상이다. 선수 시절의 마라도나는 공식적인 몸무게를 70kg이라 밝히고 다녔다. 하지만 마약복용, 약물복용, 은둔생활 등으로 인해서 살이 많이 찌며 100kg에 육박한 경우도 있었다. 또한 은퇴 이후에는 몸무게가 121kg까지 불어나며 건강이 매우 악화되어 최근 위 축소 수술을 받은 바 있다. 마라도나의 정확한 키와 몸무게는 그 누구도 알 수가 없다.

찰튼과 박지성은 닮은꼴!

찰튼을 '멀티-플레이어Multi-Player의 원조'라고 해도 좋을 듯

하다. 그 이유는 그가 여러 가지 포지션을 모두 훌륭하게 소화
해냈기 때문이다.

　찰튼을 공격수로만 알고 있는 팬들이 많은데, 그는 공격수
라기보다는 '공격에도 매우 능한 전천후 미드필더'에 가까웠
다. 찰튼은 왼발을 잘 썼기 때문에 왼쪽 윙으로 가장 큰 명성
을 날렸고, 오른쪽으로 자리를 옮겨서도 수준급 이상의 활약
을 펼쳤다. 또한 날카로운 돌파력과 강력한 슈팅을 주무기로
새도우 스트라이커를 맡으며 득점력에서도 탁월함을 선보였
다. 더 대단한 것은 찰튼이 수비력도 좋았다는 사실이다. 1958
년 잉글랜드대표팀에 처음 발탁됐을 때, 찰튼은 중앙 수비형
미드필더로 투입되어 멋진 데뷔전을 치른 바 있다. 쉴 새 없이
그라운드를 누비며 팀의 공격과 수비에 큰 힘을 보탰던 찰튼.
'그라운드의 노동자'라는 별명답게 그는 매우 부지런한 선수
였다. 마치 어느 위치에서든 종횡무진 좋은 활약을 펼치는 한
국의 박지성처럼 말이다.

참고자료

__ 참고문헌

박기만, 『월드컵축구백과』, 월드컵백과간행회, 2002.
샌디 로이드하우스, 『축구황제, 펠레』, 삼성당, 2006.
이민표, 『축구 잘 알고 잘 하기』, 태근문화사, 1998.
이수열, 『삼바 축구, 그들은 강하다』, 가림M&B, 2002.
장원재, 『속을 알면 더 재미있는 축구이야기』, 폴리미디어, 2002.

__ 참고사이트

www.fifaworldcup.com
www.futbolargentino.com
www.football365.com
www.iffhs.de
www.kicker.de
www.munich58.co.uk
www.rsssf.com
www.soccerway.com

월드컵의 강국들

초판인쇄 2006년 4월 25일 | 초판발행 2006년 4월 30일
지은이 심재희
펴낸이 심만수 | 펴낸곳 (주)살림출판사
주소 413-756 경기도 파주시 교하읍 문발리 파주출판도시 522-2
출판등록 1989년 11월 1일 제9-210호
전화번호 영업·(031)955-1350   기획·(031)955-1370~2
        편집·(031)955-1362~3
팩스 (031)955-1355
e-mail salleem@chol.com
홈페이지 http://www.sallimbooks.com

ISBN 89-522-0501-4 04080
     89-522-0096-9 04080 (세트)

* 잘못된 책은 구입하신 서점에서 바꾸어 드립니다.
* 저자와의 협의에 의해 인지를 생략합니다.

값 9,800원